Jenny Menzel

111 Orte in Dresden, die man gesehen haben muss

111

emons:

Bibliografische Information der Deutschen Nationalbibliothek
Die Deutsche Nationalbibliothek verzeichnet diese Publikation in der Deutschen Nationalbibliografie; detaillierte bibliografische Daten sind im Internet über http://dnb.d-nb.de abrufbar.

MIX
Papier | Fördert gute Waldnutzung
FSC® C083411
FSC www.fsc.org

© der Fotografien: Jenny Menzel, außer:
Ort 21: Stefan Gröschel, TU Dresden; Ort 24: Gemäldegalerie Alte Meister, Staatliche Kunstsammlungen Dresden. Foto: Elke Estel/Hans-Peter Klut; Ort 34: Dresdener Rennverein 1890 e. V.; Ort 36: pidelta.de; Ort 50: Stadtentwässerung Dresden GmbH; Ort 64: Staatliche Kunstsammlungen Dresden, Foto: Hans Christian Krass; Ort 86: Städtische Sammlungen Freital, Foto: Axel Rüthrich; Ort 94: Deutsches Stuhlbaumuseum Rabenau; Ort 110: Zentralwerk
© Covermotiv: iStockphoto.com/Mlenny
Gestaltung: Marc Propach, nach einem
Konzept von Lübbeke | Naumann | Thoben
Druck und Bindung: CPI – Clausen & Bosse, Leck
Printed in Germany 2023
ISBN 978-3-7408-1920-0

Vorwort

Kennen Sie Dresden? Seien Sie da mal nicht so sicher. Die Stadt an der Elbe ist weithin bekannt für ihre barocke Altstadt und die nach dem Zweiten Weltkrieg wieder aufgebaute Frauenkirche. In ihrer 800-jährigen Geschichte hat sie Großbrände, Kriege und das Experiment des Sozialismus überstanden und sich dabei immer wieder neu erfunden.

32 Jahre nach der Wiedervereinigung ist Dresden für Besucher, die lange nicht hier waren, kaum wiederzuerkennen. Selbst wir »Ureinwohner« staunen oft nicht schlecht: Die Stadt verändert sich in rasendem Tempo, immer auf der Suche nach ihrer Identität – und darum wird viel und heftig gestritten. Neben Renaissance und beschaulichem Barock bietet Dresden heute beeindruckend moderne Gebäude, spannende architektonische Ausreißer und Zeugnisse der jüngeren Kultur- und Architekturgeschichte, von Reformbewegung bis Bauhaus. Sie machen aus Dresden weit mehr als das barocke Elbflorenz, als das es sich auf Hochglanzbroschüren so gern präsentiert.

Hinter den Kulissen des Altbekannten finden sich die unglaublichsten Geschichten. Verwunschene Dorfkerne, verfallene Schlösser und Weinberge mitten im Stadtgebiet erzählen von spleenigen Fürsten, Mundwasser-Milliardären und Gesundheitsaposteln. In den weniger bekannten Stadtteilen verbergen sich Weltsensationen, an den breiten Elbufern und in der riesigen Dresdner Heide warten wilde Ecken auf mutige Entdecker – und vom Rand des Dresdner Talkessels bieten sich Aussichten wie Kalendermotive.

111 besondere und ungewöhnliche Orte in Dresden wurden bereits 2012 zusammengestellt. In diesem neuen Band finden Sie 111 *andere* Orte in Dresden, die ich Besuchern und Einheimischen ans Herz legen möchte. Sie zeigen ein Dresden, das sich in den letzten Jahren sehr verändert, aber seinen Kern dabei behalten hat. Erkennen Sie es wieder?

111 Orte

1 Die Alaunstraße

Little Hanoi auf der Vietnamesen-Meile

Die Alaunstraße führt schnurgerade vom Albertplatz bis zum Alaunpark. Die De-facto-Fußgängerzone könnte man als die Hauptschlagader der Dresdner Neustadt bezeichnen. Seit einigen Jahren beherbergt sie eine unglaubliche Dichte an vietnamesischen Restaurants – ein Schelm, wer da an »Little Hanoi« denkt …

Man könnte fast einen Plan vermuten, wenn man mit knurrendem Magen die Alaunstraße entlangspaziert. An kulinarischen Angeboten mangelt es hier wahrlich nicht; die allermeisten stammen aus Vietnam oder anderen fernöstlichen Ländern.

Schon seit 1765 herrscht an der Alaunstraße rege Betriebsamkeit. Wo einst eine Alaunfluss-Siederei der Neuen Gasse ihren Namen gab, später der Schriftsteller Erich Kästner seine Kindheit verbrachte, dann bis 1945 das Kosmos-Kino lichtspielte, zu DDR-Zeiten eine HO-Kaufhalle stand und 1990 die erste Neustadt-Kneipe »Bronxx« von Neonazis abgebrannt wurde, kann man heute vor allem vietnamesisch essen – und zwar sehr gut! Das beginnt direkt am Albertplatz mit dem »Côdô«. Wenige Meter weiter wartet das alteingesessene »Anh Duc«, dann kommt »Phở Viet«, direkt neben »Ramen1974«, dessen japanische Suppen von vietnamesischen Angestellten serviert werden, und dem koreanischen Streetfood-Laden »Soho«. In der Fusion-Gastro »Kai« gibt es seit Neuestem »Asia-Pizza«, gleich auf der anderen Straßenseite lockt das freundliche »Phở 24«.

Als Nächstes kommt man am »Hanoi Deli« vorbei und staunt schon kurze Zeit später über den roten Teppich vor dem »Anamit« – oder doch lieber vegan essen im »Chay Viet«? Ein Neuzugang ist das stylishe »Phở Mum«, eine Zweigstelle des schräg gegenüberliegenden japanischen »Mikado«, dessen Besitzerin ebenfalls Vietnamesin ist. Deutlich mehr Neustadt-Flair bietet schließlich »Asia Hoang Duong«, das vor allem mit niedrigen Preisen überzeugt. Wer jetzt immer noch Hunger hat, dem ist wohl nicht zu helfen.

Adresse Alaunstraße 1–72, 01099 Dresden-Neustadt | **ÖPNV** Straßenbahn 3, 6, 7, 8, 11, Haltestelle Albertplatz; Straßenbahn 13, Haltestelle Alaunplatz | **Tipp** Wer lieber selbst vietnamesisch kocht, der findet am Albertplatz – nur wenige Meter vom Beginn der Alaunstraße – den sehr gut sortierten »Asia Mekong Shop«, der (natürlich) ebenfalls in vietnamesischer Hand ist. Die hausgemachten Klebreisbällchen sind superlecker!

2 Das Altmarkt-Mahnmal

Schwieriges Gedenken für die Toten des 13. Februar

Das Gedenken an die Bombenopfer des 13. Februar 1945 ist in Dresden seit Jahrzehnten ein politisch heißes Eisen, um das es viel Streit gibt. Ein beredter Ausdruck der Gemengelage ist das Mahnmal auf dem Altmarkt – das nur sieht, wer ganz genau hinschaut.

Fast immer herrscht reges Treiben auf dem Altmarkt. Eingerahmt von Kreuzkirche und Kulturpalast, findet hier der weltberühmte Striezelmarkt statt. Ist das Pflaster einmal leer, kann man die Größe des Platzes besser ermessen. Und versuchen, sich vorzustellen, wie es nach der Bombennacht des 13. Februar 1945 hier ausgesehen haben muss. Die ganze Nacht hindurch hatte Dresdens Innenstadt gebrannt, am Morgen stand kein Stein mehr auf dem anderen. Die zerstörten Gebäude waren aber nicht das Schlimmste. Die Stadt war in dieser Winternacht voll gewesen mit Menschen – Dresdnern, Flüchtlingen, Zwangsarbeitern. Je nachdem, wen man fragt, starben zwischen 25.000 und 35.000 Menschen in der Bombennacht.

Der Altmarkt wurde seitdem mehrmals neu gepflastert, aber an einer Stelle sind die ursprünglichen Pflastersteine erhalten geblieben. Zwischen die Fugen gegossene Bronze markiert seit 2005 den Ort, wo mehr als 6.000 Tote verbrannt wurden. Das Mahnmal ist so unauffällig, dass man es mit Füßen tritt. Wer zufällig nach unten blickt, erschrickt. Und fragt sich dann: Ist dies ein angemessenes Andenken?

Tatsächlich ist das dezente Kunstwerk von Einhart Grotegut Zeugnis des nicht endenden Streits über ein angemessenes Gedenken an die Kriegsopfer: Rechtspopulisten und Nazis instrumentalisieren den 13. Februar für ihr Märchen vom »Bombenholocaust«. Selbst das fast unsichtbare Mahnmal wird regelmäßig beschmiert. Ein größeres, so die Befürchtung, könnte ein Pilgerort für Neonazis werden. Und so warten wir bis heute, dass sich Dresden an seine zwiegespaltene Rolle im Zweiten Weltkrieg erinnert – selbstkritisch und selbstbewusst.

Adresse in der südlichen Hälfte des Altmarkts am Eingang zur Tiefgarage, 01069 Dresden-Altstadt | ÖPNV Straßenbahn 1, 2, 4, Haltestelle Altmarkt; Straßenbahn 7, 8, 9, 11, 12 und Bus 62, 68, Haltestelle Prager Straße | Tipp In der Katholischen Hofkirche am Altstädter Elbufer findet sich vielleicht das beste Mahnmal gegen den Krieg, das Dresden derzeit hat. Die Gedächtniskapelle nahe dem Eingang zeigt die Daten von Hitlers Machtergreifung und der Bombennacht: Wir dürfen der Toten gedenken, solange wir daran erinnern, was sie davor getan haben.

3 Der Archaeo-Pfad

Spuren aus der Vorzeit

Fast niemand ist sich bewusst, was hier unter der Erde liegt: Die Stätten, an denen der Archaeo-Pfad im Dresdner Süden vorbeiführt, sind archäologisch bedeutender als Stonehenge oder die Pyramiden von Gizeh. Beim Bau der Autobahn A17 im Stadtteil Nickern wurden die ersten Monumentalbauten in ganz Europa freigelegt.

Dresden zieht Touristen aus aller Welt an – aber über seine jahrtausendelange Frühgeschichte weiß fast niemand etwas. Tatsache ist, dass bereits 2.000 Jahre vor den ägyptischen Grabmalen im Elbtal auf dem heutigen Stadtgebiet von Dresden mehrere Kreisgrabenanlagen errichtet wurden – wofür, weiß bisher niemand. Sie waren riesig. Ausgrabungen und Rekonstruktionen zeigen, dass mehr als 5.000 Eichenbaumstämme nötig waren, um vier Kreise mit je einem Durchmesser von über 130 Metern anzulegen. In einen einzigen dieser Kreise würde der gesamte heutige Stadtkern Dresdens passen!

Unklar ist auch, warum die Anlagen nach nur 200 Jahren von ihren Erbauern wieder verlassen wurden; erst in der Bronzezeit kehrten die Menschen hierher zurück und hinterließen neue Spuren der Besiedlung.

Mit bloßem Auge ist von Dresdens Urgeschichte heute nichts mehr zu sehen. Umso interessanter ist es, dem erst 2020 angelegten »Archaeo-Pfad« von Prohlis nach Nickern zu folgen. Das geht sowohl zu Fuß als auch per Fahrrad gut. Auf elf Kilometern von Infotafel zu Infotafel gelangend, erfährt man – zuerst im Schatten der Prohliser Plattenbauten, später hinter den beschaulichen Reihenhäusern von Nickern und Kauscha – Überraschendes: über den Backenzahn eines Wollhaarnashorns aus der Eiszeit, die Grabstätte eines langobardischen Paares, das bei der Völkerwanderung hier zurückblieb, oder Keramikscherben aus der frühen Bronzezeit. Zu schade, dass man die Funde nicht vor Ort in Dresden bestaunen kann; dafür muss man nach Chemnitz fahren und das Staatliche Museum für Archäologie (SMAC) besuchen.

Adresse Einstieg in den Rundweg zum Beispiel am Palitzsch-Museum, Gamigstraße 24, 01239 Dresden-Prohlis | ÖPNV Straßenbahn 1, 9, 13, Haltestelle Jakob-Winter-Platz; Bus 87, Haltestelle Am Anger | Tipp Da die Infotafeln leider nicht zeigen, wohin der Rundweg als Nächstes führt, sollte man sich im Palitzsch-Museum einen Flyer mitnehmen – und dabei gleich die kleine, aber sehr feine Ausstellung anschauen (Mi – So 12 – 17 Uhr).

4 Das Bautzner Tor

Dorfgasthof im Hipster-Viertel

Dass die urige Kneipe an der Kreuzung Bautzner/Hoyerswerdaer Straße auch nach vielen Jahrzehnten turbulenter Geschichte und mehreren Besitzerwechseln noch immer zuverlässig jeden Abend voll ist, zeigt: So gentrifiziert und verhipstert, wie man weithin glaubt, ist die Äußere Neustadt gar nicht.

Vor den Fenstern hängen vergilbte Spitzengardinen, die Außenfensterbretter schmücken Kästen mit Geranien (!). Die Lampenschirme im Gastraum stammen wahrscheinlich original aus den 1980er Jahren, und die Wände zieren (ordentlich gerahmte) uralte Werbeplakate. Eine Farbpalette aus Bahnhofskneipengrün, Nikotingelb und fettigem Braun verleiht dem Bautzner Tor eine Atmosphäre, die man im Szene-Kneipenviertel Äußere Neustadt inzwischen nur noch selten findet. Dabei trifft man hier allabendlich einen repräsentativen Querschnitt der Neustädter Bevölkerung an. Menschen jeden Alters, Geschlechts und Beschäftigungsstandes hocken allabendlich gemeinsam im miefigen Dunst, der auch nach Jahren des verordneten Nichtrauchens irgendwie hängen geblieben ist. Studis diskutieren, Frauengrüppchen kichern, Lebenskünstler schwadronieren, und ältere Herren kloppen Skat.

An den blank gewienerten Holztischen (mittags klassisch weiß eingedeckt) und am Tresen sitzen echte Gourmets: Sie genießen das Dresdner »Öko Pale Ale«, »Hecht Alt« (gebraut im benachbarten Hechtviertel) und »Bio Neustadt Helles« direkt vom Fass. Auf der Speisekarte stehen wie anno dazumal Soljanka und Würzfleisch, Bockwurst vom Neustädter Fleischer, sächsische Quarkkeulchen und LPG (Codewort für ein deftiges Bauernfrühstück).

Klingt spießig? Aber nicht doch. An den Wochenenden wird der hintere Gastraum zur Tanzfläche, dann spielen regionale Bands auf, und überhaupt haben die Gäste und Angestellten dafür eindeutig zu viele Piercings. Im Bautzner Tor erlebt man die Neustadt, wie sie sich selbst versteht: bunt, sympathisch, sächsisch.

Adresse Hoyerswerdaer Straße 37, 01099 Dresden-Neustadt, www.bautznertor.de | **ÖPNV** Straßenbahn 6, 11, 13, Haltestelle Bautzner/Rothenburger Straße | **Öffnungszeiten** So–Do 17–0 Uhr, Fr, Sa bis 2 Uhr | **Tipp** Außer dem Bautzner Tor gibt es kaum noch Kneipen in der Äußeren Neustadt, die schon vor der Wende existierten. Ähnlich alt (und gut gealtert) ist nur das »Hebedas« an der Rothenburger Straße – einst »Familiengaststätte«, heute Szenetreff mit DDR-Schick.

5 Der Bilz-Rundweg

Auf den Spuren eines Naturheilkunde-Stars

Kaum zu glauben, dass beim Namen Eduard Bilz heute kaum noch jemand wissend nickt. Dabei verfasste der »Vater der Naturheilkunde« mit seinem sogenannten Bilz-Buch im Jahr 1888 einen regelrechten Bestseller, der in zwölf Sprachen übersetzt und millionenfach verkauft wurde: ein Ratgeber über gesundes Leben und Selbsthilfe bei Erkrankungen, dessen Ratschläge auch heute noch klug sind.

Als Wahl-Radebeuler drückte der aus armen Verhältnissen stammende Autodidakt der Stadt an vielen Stellen einen Stempel auf, der bis heute sichtbar ist. Das 1892 eröffnete und bald weltberühmte Bilz-Sanatorium mit mehreren Kurhäusern, Sportstätten, Liegehallen und kilometerlangen Spazierwegen zog Patienten aus aller Herren Länder an, die hier mit Luftkuren und Bewegungstherapien ihre Selbstheilungskräfte aktivieren sollten. 1912 kaufte Bilz auf der Internationalen Hygiene-Ausstellung in Dresden kurzerhand eine dort präsentierte Wellenmaschine für sein Bilz-Bad oberhalb des Lößnitzgrunds, in dem man bis heute alle 15 Minuten eine echte Brandung genießen kann.

Weit über die Grenzen von Radebeul hinaus berühmt machte Eduard Bilz schließlich ein von ihm erfundenes Getränk: Die Bilz-Brause sollte mit ihren Mineralsalzen und Fruchtsäuren die Gesundheit fördern und wurde europaweit vermarktet – bis heute ist »Sinalco« die älteste geschützte Marke für ein alkoholfreies Erfrischungsgetränk. Der 1995 gegründete Bilz-Bund hat zum Andenken an den berühmten Radebeuler einen abwechslungsreichen Rundweg durch Radebeul angelegt, der an den Wirkungsstätten des Naturheilkundlers entlangführt, aber auch seine Prinzipien verdeutlicht: Tafeln laden zum morgendlichen Tautreten auf der Wiese ein und erklären das richtige Atmen. Wer den Bilzweg ein- bis zweimal pro Woche in flottem Tempo absolviert, tut etwas für seine Gesundheit, so wie es der Naturheilkundler selbst vor über 100 Jahren vormachte.

Adresse Start zum Beispiel am Eduard-Bilz-Platz, 01445 Radebeul; Länge circa 10 Kilometer mit 13 Stationen, Infos zur Route unter www.bilzweg.de | ÖPNV Straßenbahn 4, Haltestelle Radebeul Hauptstraße, von dort circa 10 Minuten Fußweg | Tipp Auf dem Radebeuler Friedhof, der nicht weit vom Startpunkt des Bilz-Rundwegs entfernt ist, liegt Eduard Bilz direkt neben seinem guten Freund Karl May begraben.

6 Die Blaue Fabrik

Avantgarde in Grün

Das Zentrum der Dresdner zeitgenössischen Kunstszene, die sich ihre Unabhängigkeit vom kommerziellen Galeriebetrieb bewahren will, liegt angemessen schmuddelig zwischen den verfallenden Hallen des früheren Leipziger Bahnhofs. Die Blaue Fabrik hat ihre neue Heimat in der »Grünen Villa« gefunden. Der Farbenclash ist Programm.

Bis 2013 residierte die Blaue Fabrik in der Prießnitzstraße in den Resten einer Modellbauwerkstatt und bot zahlreichen Kunstschaffenden eine Heimat in der Äußeren Neustadt. Nach langen Querelen und einer Zwischenstation hinter der Alten Post zog der Kulturverein mit seinen Ateliers, Proben- und Kursräumen 2016 in die Grüne Villa um.

Der Name der Blauen Fabrik ist Programm und blieb daher auch in der Grünen Villa erhalten – er ist eine Reverenz vor der Künstlergruppe »Der Blaue Reiter« von Wassily Kandinsky und Franz Marc, die parallel zu den Dresdner »Brücke«-Künstlern um Karl Schmidt-Rottluff die Malerei in Deutschland revolutionierten. Gleichzeitig soll der Name an die »blauen Töne« von Blues und Impro-Jazz erinnern, die ebenfalls eine Heimat hier gefunden haben. Weit prosaischer ist die Erklärung mit den Bierdeckeln, die den Gründern der Blauen Fabrik als Untersetzer für ihre Flaschen dienten: Hier soll eine blaue Brauerei abgebildet gewesen sein.

Folgerichtig hieß die erste Ausstellung 1991 »BLAU«, und auch im neuen Haus bietet die Reihe »parablau« ein Podium für Gruppenausstellungen, von denen sich wiederum die hier probenden Musiker inspirieren lassen; ganz abgesehen von den Gästen, die das unaufgeregte Ambiente und die offene Atmosphäre schätzen. Nach umfangreichen Renovierungen ist die Grüne Villa – oder die Blaue Fabrik – seit 2021 endlich komplett nutzbar und für die kunstinteressierte Öffentlichkeit zugänglich. Dresdens zeitgenössische Kunstszene hat einen neuen Mittelpunkt, und er ist auf jeden Fall – bunt.

Adresse Eisenbahnstraße 1, 01097 Dresden | ÖPNV Straßenbahn 3, Haltestelle Bahnhof Neustadt (Hansastraße) | Öffnungszeiten Mo, Mi 16–18 Uhr, Fr bis 19 Uhr | Tipp Direkt hinter der Grünen Villa erstreckt sich das Areal des Alten Leipziger Bahnhofs; trotz vieler aufstrebender Pläne immer noch ein Lost Place mitten in Dresden, den es zu erkunden lohnt.

7 Das Blaue Wunder

Dresdens Brücken-Star

Als die fünfte Elbbrücke Dresdens im Jahr 1893 eingeweiht wurde, galt sie als technisches Wunderwerk. Und das »Blaue Wunder« bezaubert mit seiner filigranen Konstruktion bis heute.

Am Ende des 19. Jahrhunderts wurden in Dresdens Osten etwa zur selben Zeit mehrere Prestigebauwerke eingeweiht, die der Stadt neuen Weltruhm brachten. Nahezu gleichzeitig mit der ersten Standseilbahn Europas und der fast parallel laufenden Schwebebahn errichteten die Dresdner eine 3,5 Tonnen schwere Stahlfachwerkbrücke über die Elbe, um den neuen Stadtteil Blasewitz mit Loschwitz zu verbinden. Zweifel an der Tragkraft des filigranen Gerüsts, das ohne stützende Pfeiler in der Flussmitte auskam, räumten die Ingenieure öffentlichkeitswirksam aus: Zur Eröffnung fuhren eine Parade aus Dampfwalzen, drei von Pferdegespannen gezogene Straßenbahnen und drei Wassersprenger der Feuerwehr über die Brücke, gefolgt von einem Jägerbataillon aus der Kaserne. Das Bauwerk hielt und bekam postwendend den Beinamen das »Blaue Wunder« verpasst. Nach einer anderen Version der Geschichte hat die Loschwitzer Brücke ihren Spitznamen vom hellblauen Anstrich, der die Stahlträger bis heute vor Rost schützt.

Auch die Geschichte, wie die Brücke im Zweiten Weltkrieg der Zerstörung entging, erinnert an ein filmreifes Wunder: Noch im Mai 1945, wenige Tage vor Kriegsende, brachten die Nazis an beiden Brückenköpfen Sprengladungen an. Kurz vor der Sprengung durchschnitten zwei mutige Dresdner auf beiden Flussufern die Zündschnüre, ohne dass einer vom anderen wusste. Dank ihnen ist das Blaue Wunder bis heute ein Wahrzeichen der Stadt. Die elegante Brücke verbindet als eine der ältesten Dresdens die wunderschönen Villenviertel von Loschwitz und Blasewitz. Fußgänger dürfen sie auf einem eigenen Übergang passieren, die meisten genießen ihren Anblick aber von einem der Biergärten, die beide Elbufer säumen.

Adresse Loschwitzer Brücke zwischen Schillerplatz und Körnerplatz, 01326 Dresden-Blasewitz/Loschwitz | **ÖPNV** Bus 84, Haltestelle Körnerplatz; Bus 61, 62, 63, Haltestelle Schillerplatz; alternativ auf dem Elberadweg oder per Elbdampfer bis zur Anlegestelle am Loschwitzer Ufer | **Tipp** Traumblicke auf das Blaue Wunder von oben bietet der Ludwig-Richter-Pfad: Seine grüne Markierung führt in etwa einer Stunde vom Körnerplatz die Grundstraße hinauf zum Leonhardi-Museum, über den Karl-Schmidt-Weg zur Ulrichstraße und die Krügerstraße hinab zur Bergstation der Schwebebahn.

8 Der Bogenschütze

Hundert Mal geklont

Stolz thront er über den Elbwiesen am Königsufer und zielt mit seinem Pfeil auf die Altstadt. Wer hätte gedacht, dass der Bogenschütze vom Dresdner Elbufer zahlreiche Doppelgänger hat?

Das Leben des Künstlers Ernst Moritz Geyger war recht abwechslungsreich – von frühem Ruhm als Berliner Grafiker über eine Professur an der Dresdner Kunstakademie bis zum Leben als freischaffender Künstler in Florenz. 1895 fertigte Geyger sein bekanntestes Werk: Der vier Meter hohe Bogenschütze wurde zunächst im Schlosspark Sanssouci in Potsdam aufgestellt. Wie kam aber ein identischer Zwilling wenige Jahre später ans Dresdner Elbufer? Und das ist nicht der einzige Doppelgänger; der sportliche Bursche ist in verschiedenen Größen in ganz Europa zu finden.

Das Geheimnis heißt Galvanoplastik. Das Unternehmen WMF hatte sich auf diese Technik spezialisiert, um exakte Bronzekopien von Gipsfiguren anzufertigen und damit besonders schöne Kunstwerke preiswert und in verschiedenen Größen nachzubauen. »Schöne Kunst« wie eben die antikisierende Nachbildung sportlicher junger Männer war es, die nicht nur dem deutschen Regenten Kaiser Wilhelm II. gefiel – er kaufte Geyger das Original seiner Bogenschützen-Statue im Handumdrehen ab. Die Figur wurde daraufhin sozusagen Trend: Jahrzehntelang stand sie als Miniatur in vielen deutschen Stuben und etwas größer in so einigen Parks herum.

Auch die Nazis fanden den sportlich-kriegerischen Bogenschützen schön. Sie stellten Geygers Kunst gern aus, Hitler kaufte mehrere seiner Gemälde und zahlte ihm bis zu seinem Tod einen Ehrensold. Dass der Bogenschütze im Jahr 1936 auf Betreiben der NSDAP am Elbufer platziert wurde, um die Dresdner Bevölkerung auf den Krieg einzustimmen, ist interessanterweise kaum bekannt. Das gesamte Königsufer mit seinem Amphitheater wurde gezielt für politische Massenveranstaltungen angelegt; auch darüber spricht man in Dresden eher nicht.

Adresse Königsufer Dresden, im Staudengarten unterhalb des Staatskanzlei-Parkplatzes an der Wigardstraße, 01097 Dresden-Neustadt | **ÖPNV** Straßenbahn 6, 13, Haltestelle Rosa-Luxemburg-Platz; Straßenbahn 3, 7, Haltestelle Carolaplatz | **Tipp** Ein etwas kleinerer Bogenschütze steht in der Äußeren Neustadt auf dem Balkon des Clubs »Ostpol«. Dieser ist allerdings ein Original, gefertigt 2006 von der Künstlerin Annekatrin Härtel. Sein kriegerischer Bogen ist von den Besitzern des Clubs mit einem friedlichen Blumenstrauß ergänzt worden.

9 Der Botanische Garten

Grüner Geheimtipp

Ein Botanischer Garten ist doch nichts Besonderes, den gibt es ja in jeder Stadt … Aber waren Sie schon mal da? Wahrscheinlich nicht. Wer am Rand des Großen Gartens über die menschenleeren Wege spaziert und völlig ungestört die Pflanzenvielfalt in den Gewächshäusern bewundert, der ist einer von wenigen Besuchern, die die Schönheit des Botanischen Gartens genießen – der ganz zu Unrecht übersehen wird.

Vielleicht wird die Anlage einfach überschattet vom riesigen Gelände des Großen Gartens, der grünen Lunge von Dresdens Stadtmitte? Das ist schade, denn im Botanischen Garten gibt es unheimlich viel zu entdecken. Gegründet wurde er schon 1820 durch Heinrich Reichenbach, der auch den Dresdner Zoo und den Dresdner Tierschutzverein ins Leben rief. Innerhalb von nur fünf Jahren sammelte er 7.800 Pflanzenarten und siedelte sie in Dresden an. Am 1. April 1893 feierte die Anlage ihren zweiten Gründungstag, denn sie musste umziehen. Am heutigen Standort legte Carl Oscar Drude den Garten nach (damals) revolutionären Regeln an: Dresden hatte den ersten Botanischen Garten Mitteleuropas, in dem die Pflanzen nach ihrer geografischen Herkunft gegliedert wurden. Das Prinzip wird bis heute verfolgt.

Wann immer man Lust auf etwas mehr Natur als üblich hat, kann man den Botanischen Garten besuchen – der Eintritt ist frei – und staunen. Ob es im Winter die Gewächshäuser voller bunter Orchideen, exotischer Kakteen und Tropenfische sind, im Frühjahr die blühenden Krokusse und Christrosen im Südeuropa-Freilandgebiet oder im Herbst die Blätter der beiden riesigen Gingko-Bäume, die goldgelb wie die Sonne leuchten – jede Jahreszeit hat ihren Zauber. Besonders spannend ist die Tertiär-Anlage zwischen den beiden Regenwaldhäusern: Hier wachsen die Nachkommen von Pflanzen, aus denen sich vor 65 Millionen Jahren die riesigen Braunkohleflöze formten, die wir heute herausbaggern und verbrennen.

Adresse Stübelallee 2, 01307 Dresden-Seevorstadt | ÖPNV Straßenbahn 1, 2, 4, 10, 12, 13, Haltestelle Straßburger Platz | Öffnungszeiten täglich 8–18 Uhr; Eintritt frei | Tipp Nichts spricht dagegen, nach dem Bewundern der Pflanzenwelt auch den Tieren einen Besuch abzustatten: Der Dresdner Zoo liegt am anderen Ende des Großen Gartens.

10 Der Bouleplatz

Im Alaunpark eine ruhige Kugel rollen

An seiner südöstlichen Ecke zeigt der Alaunpark sein hübsches Gesicht: Statt lärmendem Spielplatz, wuseligem Wochenmarkt und zu Staub zertretener Wiesenfläche blühen hier schön arrangierte Rabatten, ein Trinkbrunnen sprudelt, und auf einer sauber angelegten Fläche mit grauem Splitt klackern ab dem frühen Nachmittag silbern glänzende Boule-Kugeln aneinander.

Die »grüne Lunge« der Äußeren Neustadt, wo sogar die Stämme der wenigen Bäume bunt besprüht sind, ist ansonsten wenig bekannt für französisches Flair. Aber an der erst 2012 der Öffentlichkeit übergebenen Südost-Erweiterung des Parks, die auf der Grundfläche zweier Kita-Gebäude errichtet wurde, genießen die Neustädter seit 2018 klassisch südeuropäisch von den ersten Sonnenstrahlen im Frühjahr bis zum goldenen Spätherbst die »Joie de vivre« beim Boule.

Die Regeln sind einfach, die Kugeln gibt es gleich um die Ecke im Spieleladen »Capito« in der Rothenburger Straße, und Mitspieler finden sich immer gern, denn fürs Boule-Spielen braucht man weder Muskeln noch raffinierte Wurftechniken. Maximal vier Zweier- oder Dreiergrüppchen haben auf der 15 Meter langen Bahn Platz, um ihre metallenen Kugeln nach dem hölzernen »Schweinchen« (oder »Cochonnet«) zu werfen. Die Abwurflinie wird einfach mit der Schuhspitze in den Splitt gezogen, die eleganteste Wurftechnik schaut man sich beim Nachbarn ab. Nach sechs Würfen wird mit schmalen Augen verglichen, wer wohl näher dran war. Auf den Sieg stößt man statt mit Lillet oder Vin de Pays meistens mit Bier aus der Flasche an – das ist allemal praktischer.

Und sollte jemand den Besserwisser raushängen lassen: Boule verhält sich zu Pétanque etwa so wie Federball zu Badminton. Sportlichen Ehrgeiz haben die wenigsten Feierabend-Spieler im Alaunpark, ganz in der französischen Tradition. Dresden hat zwar einen eigenen Boule-Verein, aber der trainiert woanders.

Adresse Bischofsweg/Ecke Kamenzer Straße, 01099 Dresden-Neustadt | ÖPNV Straßenbahn 13, Haltestelle Alaunplatz | Tipp Auch die Fans des schwedischen Freizeitsports sind im Alaunpark zahlreich vertreten: Beim »Kubb« oder Wikingerschach werden Holzpflöcke auf Holzpflöcke geworfen. Stehen zwischen den Mannschaften Bierflaschen, handelt es sich um das neudeutsche Spiel »Flunkyball«.

11 Das Brunnenhaus

Ein Brunnen aus drei Teilen

Was hat es wohl mit dem winzigen Haus auf sich, dessen schindelgedecktes pyramidenförmiges Dach fast bis zum Boden reicht? Vom »Simmel«-Hochhaus an der Ecke des geschäftigen Albertplatzes scheint es regelrecht umschlungen zu werden. Die überraschende Antwort findet sich auf einer Plakette an der Seite des Häuschens: Es handelt sich um das Brunnenhaus des Artesischen Brunnens.

Dieser wiederum steht etliche Meter weiter östlich, auf der anderen Seite der vierspurigen Königsbrücker Straße – und zwar in zwei Teilen: Die Wand des hässlichen DDR-Wohnblocks am Albertplatz ziert ein schlichter Trinkbrunnen, aus dem ganzjährig klares Wasser mit einer Temperatur von 17,8 Grad Celsius sprudelt. Zahlreiche gesundheitsbewusste (und sparsame) Dresdner füllen hier seit Jahrzehnten Wasserflaschen und Kanister ab. Sie sind überzeugt von der hohen Qualität des artesischen Brunnenwassers, das einen hohen Mineralgehalt und eine geringe Härte hat – auch wenn die Stadt immer wieder darauf hinweist, dass es sich nicht um geprüftes Trinkwasser handelt.

Einige weitere Schritte entfernt befindet sich der am besten sichtbare und brunnenähnlichste Teil des Artesischen Brunnens auf einer kleinen Anhöhe mitten auf dem Albertplatz: ein von Hans Erlwein erbautes tempelartiges Rondell mit einem kleinen Rundbecken, aus dem eine Fontäne sprudelt und in dem einige Goldfische leben. Diese beiden deutlich sichtbaren Teile des Brunnens könnten ohne das versteckte Brunnenhaus nicht sein – dessen Dach schützt nämlich die Quelle, die 1836 von Bergleuten aus Freiberg gebohrt wurde. 243 Meter tief wurde gegraben, um sauberes Wasser für die Neustadt zu bekommen; die Wassermenge war aber von Anfang an zu gering dafür. Das Brunnenhaus ist dennoch denkmalgeschützt. Als man 2014 das Einkaufszentrum neben dem Hochhaus am Albertplatz errichtete, wurde das kleine Haus einfach »eingebaut«.

Adresse Antonstraße 2, 01099 Dresden-Neustadt | ÖPNV Straßenbahn 3, 6, 7, 8, 11, Haltestelle Albertplatz | Tipp Der Klimawandel hinterlässt bereits seine Spuren in Dresden: Am 21. Juni 2023 versiegte das Wasser des Artesischen Brunnens erstmals seit seiner Erbauung.

12 Der buddhistische Friedhof

Ort der Rückkehr

Zwar fühlt sich der überwiegende Teil der Sachsen gar keiner Konfession zugehörig, allerdings ist klar: Der Freistaat ist vorwiegend christlich geprägt, während der Buddhismus hierzulande keine sehr verbreitete Religion ist. Dennoch gibt es seit 2015 auf dem Heidefriedhof im Dresdner Norden eine buddhistische Grabanlage – die erste in ganz Osteuropa.

Die Dresdner reisen gern und weit. Viele sind daher mit dem Konzept des Buddhismus sicherlich grundlegend vertraut. Eingeweiht wurde der buddhistische Friedhof allerdings auf Betreiben von Angehörigen der vietnamesischen Community Dresdens. Diese Volksgruppe nennt Sachsen seit Jahrzehnten ihre Heimat, denn seit den 1970er Jahren wurden von der DDR gezielt Gastarbeiter aus dem kommunistisch regierten Vietnam angeworben. Von einst 11.000 sind heute noch etwa 2.300 Vietnamesen hier.

Viele haben inzwischen Familien gegründet, die deutsche Staatsbürgerschaft angenommen und sehen sich als Dresdner – und zwar als buddhistische, auch wenn die Religion in ihrer Heimat früher kaum eine Rolle spielte. Für die letzte Ruhe lassen sich die meisten bisher lieber in die alte Heimat überführen, wo man eine ordentliche buddhistische Beerdigung bekommt und die Gebeine nach drei Jahren, wie es der Brauch ist, in den Familienaltar umgebettet werden. Seit 2015 haben sie nun die Möglichkeit, sich auch in ihrer neuen Heimat Dresden in geweihter Erde bestatten zu lassen.

Auf dem größten städtischen Friedhof in der Jungen Heide wacht nun ein mild blickender, zehn Tonnen schwerer Bodhisattva aus vietnamesischem Granit über die hier Beerdigten. Spirituell unterstützt wird er von vier anderen Figuren des Mahayana-Buddhismus, zwei Eingangssäulen und dem buddhistischen Lebensrad mit den acht Speichen, die sich auch in der Gestaltung der Rasenfläche wiederfinden.

Adresse nördlicher Rand des Heidefriedhofs, Haupteingang und Parkplatz an der Moritzburger Landstraße 299, 01129 Dresden-Junge Heide | ÖPNV Bus 80, Haltestelle Heidefriedhof | Öffnungszeiten täglich 7–20 Uhr, im Winter bis 18 Uhr | Tipp Kaum älter als der Friedhof ist die erste buddhistische Pagode in Dresden: In der Großenhainer Straße wurde 2013 »Giac Tue« eröffnet, wo in einem schlichten Zweckbau drei vergoldete Buddhas thronen.

13 Das Bui

Der letzte Tante-Emma-Laden

Spätshops und Kneipen gibt es reichlich in der Äußeren Neustadt. Für Nicht-Neustädter und Reiseführer gilt dieses Viertel als *das* Ausgeh- und Partyviertel Dresdens. Aber hier wohnen immer noch ganz normale Leute, und die brauchen zum Leben nicht nur Bier und Zigaretten, sondern auch Nudeln und Zucker. Zwar haben sich auch die hässlichen Discounter und die schickeren Supermärkte inzwischen hier angesiedelt. Aber wer etwas auf sich hält, der kauft Dinge des täglichen Bedarfs bei »Bui«.

Truyen Bui wurde 1982 als Gastarbeiter in die DDR geholt und wollte nach der Wende bleiben. Dafür mussten Vietnamesen eine Berufstätigkeit nachweisen; wie viele ihrer Landsleute entschied sich Bui, ein Geschäft zu eröffnen. Seit 1996 existiert das Minilädchen auf der Louisenstraße, schnell wurde es eine Institution. Hier gibt es wirklich alles, aus einem einfachen Grund: Angebot und Nachfrage. Wenn ein Kunde in den schmalen Gängen und Auslagen des Geschäfts etwas nicht findet, dann bestellt es Bui, und ab dem nächsten Tag gehört es zum Sortiment. Das Angebot ist inzwischen perfekt auf die Nachfrage zugeschnitten und zeigt anschaulich, was die Neustädter so alles benötigen – von Bindfäden über Tofu bis zu Glühbirnen. Fehlt etwas, zaubert Bui es bestimmt aus einem dunklen Winkel hervor. Die vielen Stammkunden kommen aber auch, weil man hier immer jemanden aus der Nachbarschaft trifft.

Wenn Bui und seine Frau Urlaub machen (selten) oder krank sind (noch seltener), geht ein erschrockenes Raunen durch das Viertel – dann muss man für ein paar Tage doch auf die Dienste von Aldi, Rewe und Co. ausweichen. Der Slogan »Buy bei Bui« ist lautmalerisch wunderbar zweideutig, orthografisch eine Herausforderung und ein Aufruf, die Gentrifizierung des Viertels aufzuhalten. Bui ist einer der letzten Tante-Emma-Läden mit einem echten Vollsortiment und sollte damit eigentlich unter Denkmalschutz stehen.

Adresse Louisenstraße 70, 01099 Dresden | ÖPNV Straßenbahn 13, Haltestelle Görlitzer Straße/Nordbad; Straßenbahn 6, 11, Haltestelle Bautzner/Rothenburger Straße | Öffnungszeiten Mo–Sa 8.30–20 Uhr | Tipp Der schnoddrige Claim »Who the Fred is Fuck?« über dem Laden passt so phantastisch auf die Louisenstraße, dass viele irrtümlich meinen, dies sei der Name des Ladenbesitzers. Tatsächlich ist es die Leuchtreklame einer Zigarettenmarke.

14 Die Burgruine Tharandt

Kopie aus Südtirol

Eine Burgruine mitten in der Stadt, das ist schon etwas Besonderes – und macht das kleine Städtchen Tharandt im Süden Dresdens zu einem beliebten Wochenend-Ausflugsziel in der Umgebung. Die Geschichte hinter den hübsch verfallenen Mauern, die hoch über dem Tharandter Marktplatz aufragen, kennt jedoch kaum einer der Besucher.

Es muss unglaublich schwierig gewesen sein, die Baupläne für die Burg von Tharandt unversehrt an den südlichen Rand des Elbtalkessels zu bringen. Immerhin gab es am Ende des 12. Jahrhunderts kaum sichere Straßen, die vom Vinschgau in Südtirol über die Alpen und durch den dichten mittelalterlichen Urwald Miriquidi führten. Auch das Bauprojekt selbst war höchstwahrscheinlich eine Herausforderung für Bauherren und Arbeiter. Immerhin thront die Anlage auf einem schmalen Felsvorsprung über der Wilden Weißeritz.

Warum die Spornburg unbedingt ihrem Vorbild, der Südtiroler Burg Tarantsberg, ähnlich werden sollte, ist heute nicht mehr bekannt, der Zweck der Burg jedoch ist klar: Sie diente dem Markgrafen von Meißen als Verteidigungsposten gegen die Grafen von Dohna, deren Herrschaftsgebiet ganz in der Nähe lag und die offenbar keine guten Nachbarn waren.

Die Ähnlichkeit der Tharandter Burg mit ihrem Bozener Vorbild ist heute nicht mehr zu erkennen; nach immer neuen Eroberungen, Um- und Ausbauten, Bränden, Blitzschlägen und schließlich dem kompletten Verfall blieben in Tharandt nur einige Außenmauern und Fensterbögen stehen. Diese wiederum waren eine beliebte Malvorlage für die romantischen Künstler des 18. Jahrhunderts; die Burg Tharandt entdeckt man auf mehreren Zeichnungen Caspar David Friedrichs und Ludwig Richters.

Seit 2013 kann man die befestigten und gesicherten Ruinen wieder betreten, auch die kleine Bergkirche in der Unterburg wurde saniert. Das Gotteshaus dient heute als Location für den Tharandter Orgelsommer und andere Veranstaltungen.

Adresse Kirchweg 4, 01737 Tharandt | **ÖPNV** S-Bahn 3 oder RE 3 von Dresden Hauptbahnhof, Haltestelle Tharandt (18 Minuten) | **Tipp** Direkt gegenüber der Ruine thront ein anderes Gebäude, das deutlich besser in Schuss ist: Das Schloss Tharandt mutet mit seinem schlanken Turm und den Bogengängen maurisch-indisch an, gehörte aber einem polnischen Grafen.

15 Die Busmann-Kapelle

Verschwunden und zurückgekehrt

Nur die ältesten Dresdner erinnern sich, was bis zum Ende des Zweiten Weltkriegs am östlichen Rand des Postplatzes stand: Vor dem Eingang zur Großen und Kleinen Brüdergasse ragten bis zum 13. Februar 1945 die schmalen Doppeltürme der evangelischen Sophienkirche auf.

1945 war die einzige gotische Kirche in der Stadt fast 600 Jahre alt und erstrahlte frisch renoviert. Sie diente den evangelischen Christen von Dresden als Hauptkirche und war die Domkirche für den sächsischen Landesbischof. Wie 26 andere Kirchen in Dresden wurde auch sie von den Bomben der Alliierten schwer beschädigt. Ihre herausragende Bedeutung nutzte ihr nichts: Obwohl noch 1952 offiziell als erhaltenswertes Baudenkmal eingestuft, wurde die Sophienkirche auf Beschluss der SED-Stadtleitung 1963 ohne eine Spur der Erinnerung aus dem Stadtbild getilgt – gegen Proteste der Landeskirche und der Bevölkerung. Für Kirchen hatte man in der DDR keine Verwendung, und als Mahnmal gegen den Krieg fungierte ja bereits die nahe Frauenkirche-Ruine. Auf dem Grundstück wurde die HO-Gaststätte »Am Zwinger« errichtet, von den Dresdnern bald liebevoll-abwertend »Fresswürfel« getauft – inzwischen erneut ersetzt durch das »Haus am Zwinger«.

2020 kehrte die Sophienkirche zurück. An der früheren Südwand des Gotteshauses befindet sich heute der »DenkRaum Sophienkirche«, ein von Glas umschlossener Neubau der Busmannkapelle, die seit dem 13. Jahrhundert eine Seitenkapelle der Sophienkirche war. Originalteile, die jahrzehntelang im Lapidarium (siehe Ort 57) gelagert wurden, sind zurückgekommen und bilden im Zusammenspiel mit modernen Materialien einen spannenden Anblick; fünf Stahlpfeiler vor dem Glaskubus markieren die einstigen Kirchenpfeiler. Genau wie in der Frauenkirche und der Kreuzkirche wird hier ein Nagelkreuz von Coventry aufbewahrt – es mahnt zur Versöhnung nach den Schrecken des Zweiten Weltkriegs.

Adresse Sophienstraße/Ecke Kleine Brüdergasse, 01067 Dresden-Innere Altstadt, Tel. 0351/2022258 | **ÖPNV** Straßenbahn 1, 2, 4, 7, 8, 9, 11, 12, Bus 68, Haltestelle Postplatz | **Öffnungszeiten** Di–Fr 12–16 Uhr, Do bis 18 Uhr, Sa 14–16 Uhr, So 11–14.30 Uhr | **Tipp** Rund um das »Lebendige Haus« ist der Grundriss der Sophienkirche in rotem Granit in den Boden eingelassen. Die Licht-Klang-Kunstwerke in den Treppenhäusern dieses Bürohauses, das heute auf der Fläche der Sophienkirche steht, sind ebenfalls sehenswert.

16 Das Café Lösch

Eine Striesener Institution

Lange Schlangen ziehen sich um den Häuserblock an der Niederwaldstraße, sobald in Dresden-Striesen die Sonne scheint; denn jeder (nicht nur die Striesener!) weiß, dass es bei »Lösch« das beste Softeis in ganz Dresden gibt.

Das offene Geheimnis wird in Striesen von Generation zu Generation weitergegeben. Schon seit über 30 Jahren werden aus dem kleinen Eisfenster an der rückwärtigen Seite des kleinen Eck-Cafés die Softeiswaffeln in den köstlichsten Geschmäckern herausgereicht. Oft ist die Menge der Wartenden in der Schlange hier am Hintereingang deutlich größer als die Anzahl der Gäste, die im Café selbst oder im hübschen Vorgarten Platz genommen haben.

Die Grundvariante Schoko-Vanille für Traditionalisten gibt es immer. Dazu kommen ungewöhnliche Kreationen wie Sanddorn-Buttermilch oder Honigmelone – hergestellt mit frischen Fruchtsäften. Es gibt auch mehrere Kugeleis-Sorten, aber die werden deutlich seltener gekauft. Drinnen im kleinen Gastraum drängen sich an Wochenenden Striesener und Zugereiste, die die feinen Torten und Backwaren zu schätzen wissen.

Sie können von Glück sagen, dass diese Institution mit ziemlicher Sicherheit für weitere 30 Jahre bestehen wird. Seit 2008 ist das traditionsreiche Café nämlich nicht mehr im Besitz der Familie Lösch. Aber die langjährigen Betreiber Gisela und Hartmut Lösch wollten auch nach ihrer Pensionierung nur das Beste für ihr Café und dessen Gäste. Sie fanden eine Nachfolgerin, Konditormeisterin Carolin Kallenbach. Die neue Besitzerin durfte ihnen vor der Betriebsübernahme mehrere Wochen lang über die Schulter schauen und die Geheimnisse der Lösch-Eisproduktion erlernen. So ist es auch kein Namensschwindel, wenn über dem Eingang immer noch »Lösch« steht – schließlich wurde an der grundlegenden Softeis-Rezeptur, die noch aus der DDR-Zeit ist, bis heute nichts geändert. Stammgäste versichern, das schmecke man.

Adresse Niederwaldstraße 22, 01277 Dresden, Tel. 0351/3102838, www.cafe-loesch.de | **ÖPNV** Bus 61, Haltestelle Niederwaldstraße | **Öffnungszeiten** Mi–Mo 12–18 Uhr, Winterpause 1. Advent–1. Febr. | **Tipp** Die Familie Kallenbach ist eine Dresdner Institution: Berühmt sind ihre Stollen und Baumkuchen, die im Laden an der Augsburger Straße und in zwei weiteren Filialen in Striesen verkauft werden.

17 Der Canaletto-Rahmen

Dresden historisch korrekt bestaunen

Im Jahr 1748 malte Bernardo Bellotto, besser bekannt unter seinem Künstlernamen Canaletto, das Ölbild »Dresden vom rechten Elbufer unterhalb der Augustusbrücke«. Es handelt sich dabei um eine sogenannte Vedute, also eine wirklichkeitsgetreue Abbildung. Am Dresdner Elbufer reihen sich auf diesem Bild dicht an dicht barocke Kirchen und Bauwerke, die die Stadt bereits damals weltberühmt machten: Frauenkirche und Hofkirche, das Residenzschloss und dahinter die Kreuzkirche.

Das Besondere an der Dresdner Altstadt ist nun, dass sie sich auch fast 300 Jahre später noch nahezu genauso darstellt wie zu Canalettos Zeiten – daher der Name »Canaletto-Blick«, den man vom gegenüberliegenden Elbufer auf die »Skyline« hat. Und damit jeder Besucher genau die Stelle findet, an der man den gleichen Blick genießen kann wie anno dazumal Canaletto, steht am Neustädter Elbufer, vor dem (öffentlich zugänglichen) Park des »Bilderberg Bellevue Hotel«, ein hilfreicher roter Bilderrahmen aus Metall – der nichts umrahmt. Wobei eben das nicht stimmt: Positioniert man sich mit der Kamera am markierten Punkt hinter dem Rahmen, rückt genau der richtige Bildausschnitt in den Fokus und man kann sich sozusagen seine eigene Dresden-Vedute machen.

Zugegeben: Der Canaletto-Blick sieht nicht mehr exakt so aus wie 1785. Die Elbschiffer entladen ihre Boote nicht mehr direkt vor dem Sächsischen Landtag, und die Bastion Sol der Stadtmauer hat sich in die Brühlsche Terrasse verwandelt. Der Turm der Hofkirche hatte noch nicht seine vollständige Höhe erreicht, als Bellotto die Szene malte, er verewigte ihn daher nach den vorliegenden Plänen; wer genau hinschaut, erkennt, dass der echte Turm höher und schlanker gebaut wurde. Deutlich zu klein ist auch der Turm der Frauenkirche geraten. Anstatt eines Blicks in die Vergangenheit ist der Canaletto-Rahmen also eher ein Suchbild: Finde die Unterschiede zwischen 1785 und heute!

Adresse Große Meißner Straße 15, 01097 Dresden-Neustadt | **ÖPNV** Straßenbahn 3, 4, 6, 8, 9, Haltestelle Neustädter Markt | **Tipp** Mit der kostenlos im App-Store erhältlichen App »Bellotto Click« kann man verschiedene Orte im Stadtgebiet, an denen Bellotto Veduten malte, auf ihre Damals-Heute-Veränderung checken.

18 Der Carolapark

Neues Leben auf dem Müllberg

Carola, Prinzessin von Wasa-Holstein-Gottorp, hieß die Frau von Sachsens letztem König Albert I. Bei der Dresdner Bevölkerung war sie schon zu Lebzeiten sehr beliebt. Zu ihren Ehren ist nicht nur ein zentraler Platz nahe dem Elbufer benannt, sondern auch die dorthin führende Brücke, ein Schlösschen und der hübsche Teich im Großen Garten. Selbst in der Sächsischen Schweiz erinnert der Carolafelsen an sie. Seit 2017 gibt es nun auch einen Carolapark in Dresden.

Nach dem Zweiten Weltkrieg lagen große Teile der Stadt in Trümmern. Der Schutt türmte sich zu Bergen – in der Friedrichstadt, in Leuben und auch im Dresdner Norden. Die hiesigen Halden wurden später als Giftmülldeponien weitergenutzt und erst nach der Wende renaturiert. Hier entstand mit dem Carolapark ein Grünzug, der sich vom Proschhübel (auch »Halde 2«) an der Alten Heeresbäckerei bis zur Justizvollzugsanstalt erstreckt (dahinter liegt die heute bewaldete »Halde 1«). Der Blick von hier oben ist atemberaubend – der gesamte Dresdner Talkessel liegt den Spaziergängern zu Füßen, die hier oben Frischluft und Grün genießen.

So urwüchsig, wie sich das Gelände heute für Erholungssuchende präsentiert, war es lange nicht: Mehr als 100 Jahre lang diente es als Exerzier- und Truppenübungsplatz für das sächsische und preußische Heer, die SS und die Sowjetarmee. Als für den Bau der neuen Justizvollzugsanstalt viele unter Naturschutz stehende Bäume weichen mussten, wurde ein Ausgleich beschlossen. Der Carolapark ist sozusagen eine Entschuldigung an die Natur, die heute wieder seltenen Tier- und Pflanzenarten eine Heimat bietet – auf Trockenrasen, Sandflächen und in jungen Wäldern. Königin Carola hätte sich über »ihren« Park bestimmt gefreut. Immerhin ist sie hier ganz in der Nähe ihres Gemahls verewigt, mit dem sie fast 50 Jahre glücklich verheiratet war und nach dem man die Albertstadt mit ihren vielen Militärkasernen benannt hat.

Adresse zwischen Fabricestraße und Hammerweg, 01127 Dresden-Hellerberge | ÖPNV Bus 76, Haltestelle Justizvollzugsanstalt; Straßenbahn 7, 8, Haltestelle Heeresbäckerei | Tipp Zwischen Halde 1 und Halde 2 erstreckt sich der Heller-Deponielehrpfad, der daran erinnert, dass hier bis in die 1990er Jahre Becken für giftigen Sondermüll – Pardon, »Sickerbeete« – angelegt waren.

19 Die Cockerwiese

Der Geist der Wende

Den Massenmedien verdankt die Dresdner Bevölkerung eine der größten Grünanlagen ihrer Stadt. Es war der Besitzer der ältesten Tageszeitung der Stadt, des »Dresdner Anzeigers«, der ihr im Jahr 1856 die Güntzwiesen spendierte. Heute liegen hier das Rudolf-Harbig-Stadion, das Georg-Arnhold-Bad und das Deutsche Hygiene-Museum – und daneben befindet sich eine große Grünfläche mit einem ungewöhnlichen Namen.

Anders als der benachbarte Große Garten dienten die Güntzwiesen weniger der Erholung als dem Sport. Gegen Ende des 19. Jahrhunderts trafen sich hier die Bewohner des Englischen Viertels zum Fußballspielen, 1885 traten mehr als 20.000 Sportler zum sechsten Deutschen Turnfest an, später entstand ein Sportplatz mit Cricketfeld, Radfahrbahn und Tennisplätzen.

Die Blüherwiese am nördlichen Ende der Güntzwiesen blieb von Bauprojekten lange unbehelligt. So konnte man die große Freifläche mitten in der Stadt in den 1980er Jahren für ein Open-Air-Konzert des Rock- und Blues-Sängers Joe Cocker nutzen, der in Dresden einen der ersten in der DDR erlaubten Auftritte eines »Weststars« hatte. Mehr als 150.000 Menschen strömten am 2. Juni 1988 auf die Wiese, um »Unchain My Heart« und »With A Little Help From My Friends« zu hören; dabei waren offiziell nur 87.000 Tickets verkauft worden.

Bis nach Mitternacht soll der Sänger Zugaben gegeben haben, viele Dresdner sind heute noch Fans. Die Wiese erhielt postwendend den Beinamen »Cockerwiese«, auch wenn danach noch Heinz-Rudolf Kunze und Herbert Grönemeyer hier auftraten. Im Herbst 1989 demonstrierten an die 100.000 Dresdner auf der Cockerwiese für eine politische Erneuerung.

Seit 2016 trägt die Cockerwiese auch ganz offiziell diesen Namen. Eine kleine Gedenktafel an der Blüherstraße erklärt Spätgeborenen den Namen und wird wohl bald die letzte Erinnerung an das Konzert sein – denn die Cockerwiese soll nun endlich doch bebaut werden.

Adresse Herkulesallee 1, 01219 Dresden-Seevorstadt | ÖPNV Straßenbahn 10, 13, Haltestelle Georg-Arnhold-Bad; Straßenbahn 1, 2, 4, 12, Haltestelle Straßburger Platz | Tipp Wesentlich beschaulicher geht es auf dem Lingnermarkt zu, einem großen Wochenmarkt am Südrand der Cockerwiese. Weil hier viele Senioren zum Einkaufen herkommen, trägt diese Fläche den Beinamen »Beutelwiese«.

20 Der Codex Dresdensis

Der Maya-Schatz in der Leihbibliothek

»Gehe in die Sächsische Landesbibliothek, finde dort die Corty-Galerie und klingle nach einem Wächter. Er wird dir die Schatzkammer aufschließen, in der das geheimnisvollste Buch der Welt liegt.« Diese Anweisung hört sich verdächtig nach einem »Indiana Jones«-Abenteuerfilm an, sie funktioniert aber tatsächlich genau so.

Es ist erstaunlich unbekannt, dass die Sächsische Landesbibliothek SLUB eines von weltweit nur vier Exemplaren des Maya-Codex ausstellt. Die anderen in Paris, Mexiko-Stadt und Madrid sind nicht öffentlich zu sehen, hier hingegen kann man einfach hingehen und den Schatz kostenlos bestaunen. Die beiden modernen Gebäude der SLUB am Zelleschen Weg behüten 17 Millionen Bücher, Zeitschriften und andere Medien; es handelt sich um eine der ältesten und die viertgrößte Bibliothek Deutschlands. Zu ihrem Bestand gehören auch die Bücher und Handschriften der Königlich-Sächsischen Bibliothek, die schon seit 1788 dem Publikum offen stand; erst im Japanischen Palais (siehe Ort 45) und nach dessen Bombardierung 1945 in einer Kaserne in der Albertstadt.

Die wertvollsten Schriften zeigt heute das Buchmuseum in der Corty-Galerie im 2. Stock der SLUB, in deren Mitte das Heiligtum liegt: In der Schatzkammer kann man den Codex Dresdensis bewundern, den Kurfürst Friedrich August II. 1739 von einem Wiener Sammler kaufte und der über 600 Jahre alt ist. Erst nach mehr als 100 Jahren in Dresden wurde das Schriftstück als Maya-Handschrift erkannt, bald darauf entschlüsselte ein Dresdner Bibliothekar den Kalender, der auf dem 20er-Zahlensystem beruht. Auf zwei etwa 1,80 Meter langen Papierstreifen aus Rindenbast sieht man Hieroglyphen, von denen noch immer etwa ein Drittel nicht entziffert ist. Wer weiß, welche wichtigen Botschaften sich hier verbergen? Der für 2012 angekündigte Weltuntergang ist ja (zum Glück) nicht eingetreten.

Adresse Zellescher Weg 18, 01069 Dresden-Räcknitz | **ÖPNV** Bus 61, 63, Haltestelle SLUB | **Öffnungszeiten** Mo–Fr 10–18 Uhr, Sa 14–18 Uhr | **Tipp** Die andere große Bibliothek in Dresden ist leichter zugänglich und liegt viel zentraler – die riesigen Panoramafenster der Zentralbibliothek im Kulturpalast schauen direkt auf den Altmarkt, kugelförmige Hörsessel laden hier zum Schmökern ein.

21 Der CUBE

Beton 2.0

An der Einsteinstraße in der Dresdner Südvorstadt wurde im September 2022 Geschichte geschrieben: Bescheiden versteckt hinter einer Reihe von Bäumen und einer Schutzwand, hat man hier das erste Haus der Welt errichtet, das vollständig aus Carbonbeton besteht.

Was für Passanten mit ungeschultem Blick erst einmal wenig spektakulär wirkt, könnte das Bauen der Zukunft sein – nachhaltig, ultrastabil und flexibel wie nie zuvor. Das schlicht wirkende Carbonbeton-Haus mit dem knackigen Namen »Cube« und dem sanft gerundeten Dach birgt ein wahrhaft revolutionäres Potenzial: Anders als der üblicherweise verwendete Stahlbeton, der heute beim Bau der meisten Gebäude, Straßen und Brücken zum Einsatz kommt, besteht Carbonbeton aus unzähligen gewebten Fasern. Diese machen ihn zum einen deutlich haltbarer und stabiler, benötigen zum anderen aber auch ein Vielfaches weniger an Energie bei der Herstellung. Carbonbeton ist auch deshalb ein sehr umweltfreundliches Material, weil man viel weniger davon benötigt, um ein stabiles Haus zu bauen – und weil es doppelt so lange hält, nicht rostet und später sogar recycelt werden kann.

15 Jahre hat es gedauert, bis die Wissenschaftler des C^3-Projekts der TU Dresden endlich die offizielle Zulassung für Carbonbeton als Baumaterial erhalten haben. Jetzt geht es deutlich schneller voran. Ab 2023 soll Carbonbeton in der Industrie für Gebäude eingesetzt werden dürfen. Auch in Dresden besteht die Zukunft aus Carbon: Schon sind zwei Sporthallen aus Carbonbeton geplant.

Der CUBE ist übrigens alles andere als würfelförmig. Immerhin soll er der Öffentlichkeit die vielfältige Verwendbarkeit von Carbonbeton als Baumaterial präsentieren. Deshalb bekam die viereckige Grundform eine geschwungene Wand-Dach-Erweiterung, den »Twist«. Das lässt schon erahnen, wie anders unsere Städte in der Zukunft aussehen könnten!

Adresse Zellescher Weg/Ecke Einsteinstraße, 01069 Dresden-Südvorstadt | ÖPNV Bus 61, 63, Haltestelle Fritz-Förster-Platz | Tipp Noch mehr wissenschaftliche Exzellenz zeigt sich auf der »Straße der Wissenschaften« – so nennt man die Ansammlung von Instituten der TU Dresden, die zusammen mit zwei Max-Planck-Instituten, einem Fraunhofer-Institut und einem Leibniz-Institut die Nöthnitzer Straße am nördlichen Rand des Uni-Geländes säumen.

22 Der Deich

Nordsee-Feeling in Stetzsch

Die Jahrhundertflut von 2002 hat vor allem in den Stadtteilen im Westen Dresdens enorme Schäden angerichtet. Bei einer Pegelhöhe von 9,40 Metern standen in Stetzsch und Gohlis die elbnahen Straßen und Häuser komplett unter Wasser. Das soll in Zukunft nicht noch einmal geschehen – dafür sorgt eine eindrucksvolle Hochwasserschutzanlage.

Auf die nächste Jahrhundertflut wollten sich die Dresdner vorbereiten. Als nur elf Jahre nach der Jahrhundertflut, im Jahr 2013, die Elbe wieder auf Rekordpegelhöhen stieg, wurde in der Landeshauptstadt eilig viel Geld in die Hand genommen. Das Ergebnis kann man an vielen Orten in Elbnähe besichtigen, am eindrucksvollsten sieht es aber in den linkselbischen Stadtteilen aus, wo der Fluss nach einigen Schlangenlinien durchs Stadtzentrum wieder Fahrt aufnimmt und behäbig in Richtung Meißen rauscht.

Im Rhythmus von drei bis sechs Jahren werden hier die mobilen Flutschutztore und Hochwasserschutzwände aufgebaut; sobald die Elbe einen Pegelstand von sechs Metern erreicht, tritt der Ernstfall ein, und dafür wird regelmäßig geübt. Bei Niedrigwasser sind die Mauern weggepackt, aber auch dann kann man sich noch sicher fühlen: Zwischen der Autobahnbrücke in Kemnitz und dem Stausee Cossebaude wurde auf fünf Kilometern ein veritabler Deich entlang des Elbufers angelegt, der die Menschen vor dem Hochwasser schützen soll. Ein neu erbautes Pumpwerk schickt aufsteigendes Grundwasser zurück in den Fluss, wenn es wieder so weit ist. Bis dahin kann man auf und hinter dem neuen Deich spazieren, radeln oder skaten – im Frühjahr vor rotem Mohn oder knallgelbem Raps, hin und wieder vorbei an einer Herde Schafe, die das Gras auf dem Deich kurz halten. Für den Elberadweg wurde ein schmaler Durchgang geschaffen, damit das Radeln nicht zu anstrengend wird. Für echtes Schimmelreiter-Feeling fehlt allerdings die steife Brise vom Meer.

Adresse zwischen Grüner Weg und Dorfstraße, 01156 Dresden-Gohlis, Deichanlage entlang des Elberadwegs von Kemnitz bis Elbebrücke Niederwartha | **ÖPNV** RB 31 vom Hauptbahnhof bis Dresden-Kemnitz oder Stetzsch, dann durch den Ort zur Elbe laufen; ansonsten Anreise mit dem Rad empfohlen, Deich als Teil des linkselbischen Elberadwegs | **Tipp** Zur Stärkung bei zu viel Gegenwind (und sowieso) lädt die Gohliser Windmühle ein, die perfekt platziert am Radweg wartet. In der fast 200 Jahre alten Mühle und auf den Wiesen davor kann man Eis und gutbürgerliche Küche genießen.

23 Das Downtown

Abhotten in Dresdens ältester Disco

Wer will schon in einer 30 Jahre alten Disco tanzen gehen? Die Dresdner wollen das. Das »Downtown« hat eine treue Fanbasis, auf die sich der Tanzschuppen im Herzen der Äußeren Neustadt verlassen kann. Und weil sich das »Downtown« ständig neu erfindet, bleibt auch das Publikum jung.

Drei Jahrzehnte ist es nun schon her, dass aus einem abgeranzten Keller in einem Hinterhof an der Katharinenstraße die ersten Beats erklangen. An der schmalen Straße, die Königsbrücker Straße und Alaunstraße verbindet, sah es 1992 nicht viel anders aus als heute – auch wenn der Rest der Äußeren Neustadt inzwischen ein ordentliches »Glow up« verpasst bekommen hat. Drinnen hat sich der kleine Tanzclub allerdings sehr verändert, und auch das Publikum ist heute ein anderes.

Eröffnet während des Techno-Booms der Neunziger, spielte das »Downtown« von Anfang an eher verträglichen Dancefloor. Man holte aber auch Elektro-Bands wie Massive Attack und Moloko auf die Bühne, die später weltberühmt wurden. Anfang der 2000er Jahre war das »Downtown« eine Institution für Studierende, die dort legendäre 80er-Jahre-Partys feierten.

In der Neustadt besteht nur das weiter, was sich verändert. Auch das »Downtown« ist gewachsen und geschrumpft, hat Neues ausprobiert und sich dann wieder auf seinen ursprünglichen Markenkern besonnen. Aus dem angeschlossenen Hostel »Mondpalast« wurde das »Lofthouse« alias »Floor 3« für House und Black Music; mit der benachbarten »GrooveStation« teilt sich das »Downtown« ein alternativeres Publikum, dessen Indie-Geschmack mit Live-Konzerten der verschiedensten Musikrichtungen bedient wird. Das »Downtown« war und ist eine Disco für alle Menschen. Die Türsteher sind entspannt, es gibt keinen Dresscode, und niemand kommt her, um gesehen zu werden – das macht die Freitagabende hier sehr angenehm. Und wo sonst legt ein DJ auf, der im Hauptberuf Regionalkrimis schreibt?

Adresse Katharinenstraße 11–13, 01099 Dresden-Neustadt, www.downtown-dresden.de, www.groovestation.de | **ÖPNV** Straßenbahn 7, 8, 13, Haltestelle Louisenstraße | **Öffnungszeiten** Disco: Fr, Sa im Downtown ab 22 Uhr; GrooveStation: Mo, Mi und Do 19–3 Uhr, Fr, Sa 19–5 Uhr | **Tipp** Mehr als 30 Jahre alt ist auch die »Planwirtschaft« auf der nahen Louisenstraße, eine der ältesten Kneipen der Äußeren Neustadt. Hier gibt es immer noch DDR-Klassiker wie Würzfleisch und Soljanka, aber alles aus regionaler und, wenn möglich, Bio-Produktion.

24 Die Dresdner Galerierahmen

Das Drumherum zählt

»Ein Bild ohne Rahmen ist wie eine Seele ohne Körper«, das wusste schon der Ausnahmekünstler Vincent van Gogh. Von großem Selbstbewusstsein zeugt daher die Rahmungspolitik der Gemäldegalerie Alte Meister: Hier stecken fast alle Bilder in den gleichen Rahmen.

Schon 1560 hatte Kurfürst August begonnen, eine veritable Kunstsammlung anzulegen. Als 1746 auf einen Schlag 100 ungerahmte Meisterwerke aus der Sammlung des Herzogs von Modena dazukamen, entschied man: Alle Gemälde sollten die gleiche Art von Rahmen erhalten. Das war revolutionär, denn bis dahin wurden Bilder zusammen mit ihrem Rahmen konzipiert und gemalt. Außerdem zog es einen Berg an Arbeit nach sich: 400 Kunstwerke mussten umgerahmt werden.

Die vergoldeten Lindenholz-Rahmen im Rokoko-Stil sind mitnichten »von der Stange«. Jeder sieht ein wenig anders aus, wird geschmückt von verschiedenen Ornamenten, auch die Position und Gestaltung der Kartusche für den Bildtitel variiert.

Und doch verbindet sie ein Element: Jeden Dresdner Galerierahmen ziert am oberen Rand das Monogramm »AR« (für »Augustus Rex«), daneben ein Lämmchen (das Symbol des Ordens der Ritter vom Goldenen Vlies) und das kursächsische Wappen, gemeinsam mit dem polnischen Adler (der Hinweis auf die doppelte Regentschaft von August III.). Eigentlich schmückte auch ein kleines Krönchen jeden Galerierahmen, dieses findet man heute allerdings nur noch an wenigen Exemplaren. Manche munkeln, DDR-Funktionäre hätten die Symbole des Feudalsystems verächtlich abgeschlagen. Die Fachleute aus der Gemäldegalerie Alte Meister wissen jedoch: Viele der Kronen sind schon früher verloren gegangen. Neuzugänge bekommen konsequent ihren eigenen Dresdner Galerierahmen, natürlich mit Krönchen.

Adresse im Zwinger, Zugang über Theaterplatz, Sophienstraße oder Ostra-Allee durch das Kronentor, 01067 Dresden-Altstadt | ÖPNV Straßenbahn 4, 8, 9, Haltestelle Theaterplatz; Straßenbahn 1, 2, 7, 10, 11, 12, Bus 62, 68, Haltestelle Postplatz | Tipp Eine prominente Ausnahme ist die »Sixtinische Madonna« von Raffael. Der rekonstruierte Tabernakelrahmen, den das weltberühmte Kunstwerk erst seit 2012 trägt, ist bereits sein neunter. Im Vergleich zum barocken Rahmen um die Kopie, die heute in der Klosterkirche San Sisto in Piacenza hängt, wirkt er geradezu nüchtern.

25 Der Edward-Snowden-Platz

Widerstand im Kleinen

Moment mal: Darf man einen Platz überhaupt nach einer noch lebenden Person benennen? Das blaue Straßenschild sieht jedenfalls offiziell und echt aus; der kleine Platz im Hof der Bautzner Straße 6 heißt seit 2015 wirklich »Edward-Snowden-Platz«.

Der Hintergrund ist so einfach wie spannend: Auf seinem Privatgelände kann Markwart Faussner machen, was er will. Und er wollte dem berühmten (manche meinen: tragischen) amerikanischen Whistleblower, der die weltweite Überwachung durch US-Geheimdienste öffentlich machte, zu dessen 32. Geburtstag eine besondere Ehre erweisen. Also schenkte er ihm einen Platz. Der kleine Hof an der Bautzner Straße, wo vom Verkehrslärm des nahen Albertplatzes fast nichts zu hören ist, wirkt ansonsten nicht eben revolutionär – ein Friseursalon und ein Kosmetikinstitut teilen sich den gepflasterten Platz im Schatten von Baumkronen mit einem hippen Café, Passanten bummeln an Kaffee trinkenden Pärchen vorbei …

Wer sich aber mit dem Thema beschäftigt, der staunt: Faussner setzt sich seit Jahren unermüdlich für Whistleblower ein. Neben den internationalen »Stars« gibt es auch in Deutschland viele mutige Menschen. Aber wer kennt schon Miroslaw Strecker, der den Döner-Gammelfleischskandal öffentlich machte, oder die Tierärztin Dr. Herbst, die 1994 den BSE-Skandal aufdeckte? Faussner lädt sie zu Veranstaltungen und Podiumsdiskussionen ein und verfolgt die Berichterstattung zu den Prozessen von Chelsea Manning und Julian Assange auf seiner Website. Pressefreiheit und Demokratie sind keine Selbstverständlichkeiten; daran wird man auf dem Edward-Snowden-Platz eindrücklich erinnert, während man seinen Latte macchiato trinkt. Die Ironie der Geschichte ist, dass Snowden, der für seine Meinungsfreiheit alles riskierte, inzwischen russischer Staatsbürger ist und sich daher politischer Äußerungen – erzwungenermaßen? – enthält.

Adresse Bautzner Straße 6, 01099 Dresden | **ÖPNV** Straßenbahn 3, 6, 7, 8, 11, Haltestelle Albertplatz | **Tipp** Gleich um die Ecke findet sich ein weiterer Ort, der zum Nachdenken anregt: Der Jorge-Gomondai-Platz am nördlichen Ende der Hauptstraße erinnert an das erste Todesopfer von rechter Gewalt in Dresden nach der Wende und ist der erste Platz in Deutschland, der ein Opfer von Rassismus ehrt. Jorge Gomondai, ein Vertragsarbeiter aus Mosambik, wurde 1991 von Neonazis getötet.

26 Der Erlweindom

Slaughterhouse 2.0

Achtung, die folgende Geschichte ist nichts für empfindsame Gemüter! Wo heute Hochzeitsmessen und Konzerte stattfinden, floss seit Anfang des 20. Jahrhunderts das Blut in Strömen: Die Dresdner Messe war lange Zeit der Städtische Schlachthof. Literarisch erinnert daran Kurt Vonneguts Klassiker »Slaughterhouse 5«, im echten Leben dient der »Schweinedom« als lebendes Denkmal an diese Zeiten.

Dem emsigen Stadtbaumeister Hans Erlwein hat Dresden nicht nur zahlreiche repräsentative Gebäude und öffentliche Anlagen zu verdanken, sondern auch einen sehr ungewöhnlichen Jugendstil-Architekturschatz, der zwischen den recht steril wirkenden neuen Messegebäuden immer noch hervorblitzt.

Nach Erlweins Plänen entstand 1910 an der Flutrinne nahe der Friedrichstadt der modernste und größte Schlachthof Europas, der völlig autark betrieben werden konnte. Ganz anders als bei modernen Industrieanlagen wurde hier nicht nur auf Effizienz geachtet, sondern auch auf Ästhetik – das Farbkonzept aller 68 Gebäude war zum Beispiel fein abgestimmt, was an den verfallenen Resten leider nicht mehr zu erkennen ist. Erst 1995 wurde der Betrieb auf dem über 30 Hektar großen Gelände eingestellt. Der kleine Stierbrunnen auf dem Messevorplatz erinnert an das Schicksal Zehntausender Tiere, die hier 85 Jahre lang zu Wurst verarbeitet wurden. Dominiert wird das Gelände jedoch eindeutig vom »Schweinedom«, dem hoch aufragenden Turm des Maschinen- und Kesselhauses im Zentrum des ehemaligen Schlachthofs.

Die weithin sichtbare Turmhaube wurde bereits denkmalgerecht saniert, da Einsturzgefahr bestand; ein Verkauf an private Investoren steht außer Frage, dazu hat sich die Stadt verpflichtet. Wenn der Umbau zum Veranstaltungs- und Begegnungsort vollendet ist, soll sich auch der Name ändern: Erlweinturm wird dann der offizielle Name lauten. Ob sich die Dresdner daran halten werden?

Adresse Messe Dresden, Messering 6, 01067 Dresden-Friedrichstadt | ÖPNV Straßenbahn 10, Haltestelle Messering (Halle 1) | Öffnungszeiten Messegelände rund um die Uhr zugänglich, Erlweinturm aktuell nicht | Tipp Führt die Elbe mal wieder Hochwasser, wird das gesamte Messegelände durch die Flutrinne zur Insel. Steht das Wasser niedrig, bestaunt man in der Rinne den Start von Heißluftballons und zahlreiche Großkonzerte.

27 Die Felsenkeller-Bastei

Weißeritz- statt Elbeblick

Die weltberühmte Bastei liegt zwar nahe Dresden in der Sächsischen Schweiz, ist aber mit etwa 30 Kilometern dennoch ein ganzes Stück entfernt. Wie gut, dass es auch im Stadtgebiet einen würdigen Ersatz gibt: Von der hoch aufragenden Felsenkeller-Bastei im Süden genießt man einen schönen Blick entlang des tief eingeschnittenen Weißeritztals.

Die Weißeritz, die von Süden her aus dem Erzgebirge kommt und in Höhe der Flügelwegbrücke in die Elbe mündet, verbindet eine lange Geschichte mit Dresden. Schon mehrmals in der Stadtgeschichte hat das harmlos erscheinende Flüsschen mit spektakulären Sturzfluten auf sich aufmerksam gemacht und sogar Menschenleben gefordert. Im Plauenschen Grund im Dresdner Süden ist die Kraft des Wassers besonders gut zu sehen: Hier hat die Weißeritz eine regelrechte Schlucht in den weichen Stein des Dresdner Kessels gegraben. Bedrohlich steil ragen die Felswände zu beiden Seiten empor.

Auf den Hängen oberhalb der ehemaligen Felsenkeller-Brauerei bietet sich von einer sicher umzäunten Felsnase ein besonders guter Ausblick in beide Richtungen der Schlucht. Hier stellten schon romantische Maler wie Caspar David Friedrich ihre Staffeleien auf, die den Plauenschen Grund zur »Sächsischen Schweiz im Kleinen« adelten. Die sich windende Bundesstraße nach Freital und die parallel verlaufenden Schienen, auf denen bereits ab 1855 die Fernzüge nach Nürnberg dampften, wirken von hier oben wie das Set einer Modelleisenbahn.

Wer einen genaueren Blick gen Boden wirft, kann hier oben eine Menge seltener Pflanzenarten entdecken, während unten an der Weißeritz Wasseramseln und Eisvögel hin und her flitzen. Der Spaziergang im Weißeritztal von der Bienertmühle zum sagenumwobenen Eiswurmlager und hinauf zu den Streuobstwiesen von Plauen, gekrönt vom abschließenden Bastei-Blick, ist schon seit Jahrhunderten eine beliebte Wochenend-Beschäftigung der Dresdner.

Adresse Zugang über Schleiermacherstraße, 01187 Dresden-Plauen | **ÖPNV** S3, Haltestelle Bahnhof Plauen; Bus 62, 63, 85, Haltestelle Dresden-Plauen | **Tipp** Noch weiter schweift der Blick vom nahe gelegenen Turm am Hohen Stein, wo nur wenige Stufen zur Aussichtsplattform bewältigt werden müssen.

28 Das Fenstergitter

Ein Kunstraub für die Geschichtsbücher

Eine der abenteuerlichsten Episoden der Dresdner Stadtgeschichte begann am frühen Morgen des 25. November 2019: Beim Dresdner Juwelenraub, der weltweit Schlagzeilen machte, verschwanden Kunstschätze von buchstäblich unschätzbarem Wert aus dem Grünen Gewölbe. In der Morgendämmerung zwängten sich die vermummten Männer durch ein Loch im Fenstergitter in die Erdgeschossräume des Residenzschlosses, direkt ins Historische Grüne Gewölbe. Die Gitterstäbe hatten sie bereits Tage vorher zersägt und das kleine Dreieck unauffällig wieder eingefügt. Das Fenster des Residenzschlosses, durch das die Diebe einstiegen, ist seitdem eine eigene kleine Attraktion.

Die frühere Schatzkammer der Wettiner Fürsten gilt als eines der ersten Museen Deutschlands; Kurfürst August der Starke fand es wohl langweilig, seine Sammlung nur ausgewählten edlen Gästen zu zeigen, und ließ deshalb mehrere Räume einrichten, in denen die Schmuckstücke, Skulpturen und Kunstwerke einer größeren Anzahl von Besuchern präsentiert wurden. Der wertvollste Schatz des Grünen Gewölbes sind die sogenannten Juwelengarnituren, die der Kurfürst zum Teil für sich selbst anfertigen ließ: Broschen, Schuhschnallen und Degengriffe, die als größter Juwelenschatz Europas gelten.

Nach der Verhaftung mehrerer Mitglieder des Berliner Remmo-Clans tauchte im Dezember 2022 glücklicherweise ein Großteil der Juwelen unbeschädigt wieder auf. Damit ein so peinlicher Diebstahl nicht noch einmal geschieht, verschwand die Fassade des Residenzschlosses für umfangreiche Sicherheitsumbauten monatelang hinter einer Blechwand. Heute zeugt noch immer das herausgesägte Dreieck im Fenstergitter vom spektakulärsten Kunstraub Dresdens; die neuen Gitterstäbe wurden auffällig gut sichtbar, nämlich verdreht, wieder eingefügt. Kein Wunder: Die Stadt hat damit eine weitere aufregende Attraktion hinzugewonnen.

Adresse linkes Fenster des Residenzschlosses an der Sophienstraße, gegenüber der Schinkelwache, 01067 Dresden-Innere Altstadt, www.skd.museum | **ÖPNV** Straßenbahn 4, 8, 9, Haltestelle Theaterplatz | **Öffnungszeiten** Historisches Grünes Gewölbe: Mi–Mo 10–18 Uhr; nur Zeitfenstertickets | **Tipp** Wesentlich weniger Besucher sieht das Neue Grüne Gewölbe, das in der ersten Etage des Residenzschlosses über dem Historischen Grünen Gewölbe noch mehr phantastische Kunstschätze zeigt – darunter einen Kirschkern, in den 185 Gesichter eingeschnitzt sind. Für diese Räume benötigt man kein Zeitfensterticket, ein Hausticket für das Residenzschloss genügt.

29_Der Fernsehturm

Das Sektglas am Stadtrand

Seine schlanke Silhouette, die einem Sektkelch ähnelt, kennt wohl jeder Dresdner, man erblickt ihn von fast jedem Punkt in der Stadt. Der zweithöchste Fernsehturm Ostdeutschlands steht zwar im weit außerhalb des Zentrums gelegenen Villenviertel Wachwitz auf dem Elbhang, ist aber dennoch ein Wahrzeichen Dresdens – und als solches seit Jahren heftig umstritten.

Die Spitze des Fernsehturms, der netto »nur« 252 Meter hoch ist, erreicht durch die günstige Hanglage beeindruckende 373 Meter über Null. Genau aus diesem Grund versorgt er die Dresdner in ihrem Talkessel, zu DDR-Zeiten verspottet als »Tal der Ahnungslosen«, exklusiv mit Rundfunk und Fernsehen – bis heute. Seine Aussichtsplattform bietet außerdem einen phantastischen Rundumblick über die Stadt und das Umland bis weit in die Sächsische Schweiz und das Erzgebirge hinein. Und schließlich macht ihn die clevere Messung ganze fünf Meter höher als den Berliner Fernsehturm, ätsch!

Der Turm war bei seiner Erbauung 1969 ein Symbol für die Zukunft Dresdens – ein höheres Gebäude gibt es weit und breit nicht, bis heute steht in der Stadt kein einziges Hochhaus. Bei der Bevölkerung war die »Wachwitzer Nadel« von Anfang an sehr beliebt. Im Restaurant hoch oben gab es Soljanka, Würzfleisch und Pittiplatsch-Eisbecher, und man wartete geduldig, bis man einen der 152 Plätze bekam. Jeden Tag fuhren etwa 1.000 Menschen mit einem der Schnellaufzüge hinauf (148 Meter in nur 20 Sekunden!) und ließen den Blick in die Ferne schweifen.

Nach der Wende war Schluss mit der schönen Aussicht; die Telekom als neuer Betreiber des Turms samt Sendeanlage beschied dem Café keine wirtschaftliche Zukunft. Das mag man sich nicht gefallen lassen, und so engagiert sich ein Verein unermüdlich für die Wiedereröffnung, die in greifbarer Nähe scheint: Bis 2025 soll es geschafft sein. Ganz Dresden drückt die Daumen!

Adresse Oberwachwitzer Weg 37, 01326 Dresden-Wachwitz | ÖPNV Bus 61, Haltestelle Fernsehturm; Bus 63, Haltestelle Altwachwitz | Tipp Ein Ausflug zum Fernsehturm lohnt sich auch ohne Aufstieg. Ein schöner Rundweg führt zum Beispiel über den Königlichen Weinberg, den Rhododendronpark und das Schloss Wachwitz rund um den Fuß des Turms.

30_Das Festspielhaus Hellerau

Modern mit langer Tradition

Mit strengen, klaren Linien ragt das gelb gestrichene Gebäude in den Himmel über Hellerau, achsensymmetrisch exakt von Nord nach Süd ausgerichtet. Im Giebeldreieck erkennt man überrascht ein Yin-Yang-Zeichen – eine Erinnerung daran, dass das schmucklose, mit Sandstein verkleidete Festspielhaus Hellerau ursprünglich die Heimat der »Bildungsanstalt für Rhythmus und Musik« war.

Kenner schätzen den Bau im Stil der Reformarchitektur; Heinrich Tessenow hat hier 1911 ein Meisterwerk der Architektur des 20. Jahrhunderts geschaffen, verborgen in einem verschlafenen Stadtteil im Dresdner Norden. Aus der Internatsschule, die der Schweizer Musikpädagoge Émile Jaques-Dalcroze eigens für die Kinder der neu angelegten Gartenstadt Hellerau errichten ließ, entwickelte sich schnell ein richtiges Festspielhaus. Zuerst fanden hier die Aufführungen der Schülerschaft statt, die den Eltern ihre neu erworbenen Fähigkeiten präsentierte, bald schon zog der Ruf der Mustersiedlung Avantgarde-Künstler aus ganz Europa an.

Auch nach dem Bankrott der Bildungsanstalt war das Festspielhaus Hellerau immer wieder Sitz von Reformschulen, zudem Probebühne für die Staatsoper, es diente zwischendurch aber auch als Kaserne, Lazarett und Sporthalle. Noch heute sind die Wandbilder in den Foyer-Treppenhäusern erhalten, die von Soldaten der sowjetischen Garde-Panzerdivision gemalt wurden – seit Ausbruch des Ukraine-Kriegs dezent verdeckt. Mit der Wende kehrte die Kunst nach Hellerau zurück: Erst in Form von Freiluftkonzerten vor dem baufälligen Haupthaus, dann siedelten sich Werkstätten und Ateliers an. Seit den 2000ern wird auch im Haus selbst wieder Kunst geschaffen und gezeigt. Heute ist das Festspielhaus Hellerau Dresdens modernste Spielstätte für Tanztheater und modernes Ballett, aber auch zeitgenössische Kunst und Breakdance bekommen eine Bühne.

Adresse Karl-Liebknecht-Straße 56, 01109 Dresden-Hellerau, www.hellerau.org | ÖPNV Straßenbahn 8, Haltestelle Festspielhaus Hellerau | Öffnungszeiten zu den Aufführungen; öffentliche Hausführung Fr 12.30 Uhr, Anmeldung unter Tel. 0351/264 6246 | Tipp Die umliegenden Straßen mit den freundlichen gelben Mini-Villen wurden 1909 als »Gartenstadt Hellerau« angelegt, ein weltweites Vorbild der Gartenstadt-Bewegung. Die »ideale« Stadt sollte allen Bewohnern gehören und ihnen ein gutes Leben mit Arbeit, Kultur und Bildung ermöglichen. Ein Rundgang lohnt sich!

31 Die Floßhofterrassen

Unten am Fluss

Neben der Elbe, die mitten durch das Stadtzentrum fließt, gibt es in Dresden noch einen weiteren Fluss: Die Weißeritz macht normalerweise nicht viel her, hat aber zur Jahrhundertflut 2002 eindrucksvoll gezeigt, wozu sie fähig ist. Der neue Respekt der Dresdner zeigt sich in einem Mammutprojekt: Vom Dresdner Süden bis in die Altstadt wird ein durchgehender Grünzug am Ufer der Weißeritz geschaffen, der Fußgängern Erholung, Radfahrern sichere Fahrt und der Innenstadt frische Luft vom südlichen Stadtrand verspricht.

Die Floßhofterrassen liegen an einer entscheidenden Stelle des Weißeritz-Grünzugs, der nach 21 Jahren Bauzeit kurz vor der Vollendung steht. Hier, am »Weißeritzknick«, verlässt der Fluss sein angestammtes Bett, das ursprünglich geradeaus weiter und schnurstracks zur Elbe führte. Für den Bau des Hauptbahnhofs und der Marienbrücke (siehe Ort 62) verlegte man das Flussbett um mehrere Kilometer, hinter die Flügelwegbrücke. Der Weißeritz-Grünzug folgt dem alten Flussbett auf der Spur der Wassermassen, die 2002 ihren alten Weg wiederfanden und den Bahnhof sowie den Zwinger überfluteten.

Die Floßhofterrassen sind eng mit der Weißeritz verbunden. Hier wurden einst die Baumstämme aus dem Fluss gehoben, die mit dem Strom aus dem Erzgebirge kamen. Die Kraft des Wassers nutzten auch eine Papiermühle, eine Pulvermühle und sogar eine Nudelmühle. Einige Straßennamen erinnern noch an diese Zeit, und neuerdings ragt ein stilisiertes Wasserrad im Pulvermühlenpark nahe den Floßhofterrassen auf. Dort sitzt man heute auf bequemen Lounge-Liegen mit Blick auf die Weißeritz auf einer der wenigen Grünflächen in diesem dicht bebauten Viertel.

Die Verschnaufpause am Flussufer gibt hoffentlich genug Energie, um von hier aus durch Löbtau zu spazieren – der Stadtteil hat sich nach der Jahrhundertflut neu herausgeputzt und ist ein grünes Vorzeigeprojekt geworden. Danke, Weißeritz!

Adresse Ebertplatz, an der Bismarckbrücke, 01159 Dresden-Löbtau | ÖPNV Straßenbahn 6, 7, 12, Bus 61, 63, 90, Haltestelle Tharandter Straße | Tipp Ein weiterer Teil des Weißeritz-Grünzugs etwas weiter südlich am Ende der Würzburger Straße wird von einer zweidimensionalen Kuh geschmückt, dem inoffiziellen Wappentier von »Kuh-Löbte«.

32 Das Fünfjahrplan-Relief

Als noch alles nach Plan verlief

Im ersten Jahr des Fünfjahrplans waren die Hoffnungen in der DDR noch groß: Nach Faschismus und Krieg sollte in der neu gegründeten Republik alles anders werden. Die Wirtschaft im Sozialismus wurde nach den Bedürfnissen der Menschen geplant und nicht andersherum. Fünfjahrpläne waren das Mittel der Wahl, um Fortschritt und Wohlstand zu erreichen.

An die Zeit des Aufbruchs und den Stolz auf den neuen Staat sollte ein Relief erinnern. Ein freundlich dreinschauender Arbeiter ist darauf zu sehen, er hält einen Hammer und stützt sich auf eine Schale, in der das DDR-Wappen mit Hammer, Zirkel und Ährenkranz abgebildet ist. Im Hintergrund erkennt man Baugerüste und einen Fabrikschornstein – Hinweise darauf, dass die Industrieproduktion der DDR laut Planung in den folgenden fünf Jahren verdoppelt werden sollte. Der Dresdner Bildhauer Max Piroch hat das Relief 1951, im ersten Jahr des ersten Fünfjahrplans, aus regionalen Sandsteinplatten erschaffen. Ob er den Plan für erfüllbar hielt? Nur zwei Jahre später kam es zu einem landesweiten Arbeiteraufstand.

Das Relief zierte davon unbeeindruckt ein Kühlhaus in Dresden. Die ehemalige Kristalleisfabrik der Firma Linde, im Zweiten Weltkrieg schwer beschädigt, wurde nach dem Krieg in Rekordzeit wieder instandgesetzt. Bis zur Wende wurden hier vor allem Obst und Eier aufbewahrt. Dann wurde das marode Gebäude abgerissen, an seine Stelle trat 2006 ein Parkhaus.

Die 40 Tonnen schweren Steinplatten, aus denen das Relief besteht, lagerten im Hof eines Zittauer Steinmetzes und setzten Moos an, dann wurden sie restauriert, so wollte es der Denkmalschutz. Seit 2021 ist das Fünfjahrplan-Relief wieder an seinem alten Platz zu sehen, nun eben am Parkhaus. Wer den Sozialismus mit seiner Planwirtschaft verlacht, der sollte wissen, dass die Weltmacht China bis heute Fünfjahresplänen folgt, genauso wie es Indien, Frankreich und Japan lange taten.

Adresse Parkhaus Magdeburger Straße 1, 01067 Dresden-Friedrichstadt | **ÖPNV** Straßenbahn 6, 10, 11, Haltestelle Kongresszentrum/Haus der Presse; S1, Haltestelle Bahnhof Mitte | **Tipp** Wenn man schon mal da ist, sollte man unbedingt aufs Dach des Parkhauses steigen; einen besseren Blick auf die orientalische Glaskuppel der benachbarten Yenidze bekommt man kaum.

33 Der Fußgängertunnel

Verschüttete Spuren am Neustädter Markt

Unterführungen sind praktisch. Das dachten sich auch die Dresdner Stadtplaner und legten 1976 eine Untertunnelung der Großen Meißner Straße an. Fortan gelangten die Fußgänger bequem und trockenen Hauptes von der Augustusbrücke zum Neustädter Markt, ohne den vorbeibrausenden Verkehr zu beachten.

Wer durch den Tunnel flanierte, der passierte dabei eine Filiale der »Dresden Information« und konnte mehrere beleuchtete Schaukästen an der Wand bewundern – 40 Jahre lang war der Dresdner Tunnel ein regelrechtes Schmuckstück der DDR-Architektur. Geschützt vor den kritischen Blicken der Staatsmacht und lästigem Niederschlag, fühlten sich in der Unterführung am Neustädter Markt bald auch die Vertreter der üblichen Subkulturen wohl. Schon vor der Wende klackerten und sausten hier Skateboards und BMX-Bikes über die sanft geneigten Zugangsrampen, kreative Graffiti-Künstler schmückten die Wände des Tunnels mit immer neuen Bildern. Trocken blieb der Fußgängertunnel übrigens nicht immer: Zum Jahrhunderthochwasser 2002 stand das Wasser der Elbe bis zur Tunneldecke. Auch 2013 schwappte der Fluss wieder hinein.

Damals wurde der Tunnel gesperrt, und dabei blieb es auch. Drei Jahre später ordnete der Dresdner Oberbürgermeister überraschend und gegen eine fraktionsübergreifende Stadtrats-Mehrheit die Verfüllung des Tunnels an, pikanterweise mit Bundesfördermitteln zur Hochwasserschadensbeseitigung. Dass die Verfüllung doppelt so teuer war wie eine Sanierung – geschenkt. Nur die »schöne Kunst« durfte bleiben: An den Resten der Tunnelrampe auf Neustädter Seite hängen heute, umrankt von Unkraut, vier Reliefs aus Sandstein, die die Stadtgeschichte zeigen.

Funfact: Derzeit diskutiert man im Dresdner Stadtrat eine erneute Untertunnelung der Großen Meißner Straße. Diesmal sollen aber die Autos unter die Erde verbannt werden – eine gute Idee!

Adresse Große Meißner Straße/Köpckestraße, 01097 Dresden | ÖPNV Straßenbahn 3, 4, 6, 8, 9, Haltestelle Neustädter Markt | Tipp Die Verfüllung des Tunnels sollte die Wiedererrichtung des im Krieg zerstörten »Narrenhäusels« ermöglichen, des Wohnhauses von Joseph Fröhlich, dem Hofnarr Augusts des Starken. Bis es so weit ist, erinnert eine kleine Statue neben dem ehemaligen Tunnelzugang an ihn.

34_Die Galopprennbahn

Die Wette gilt!

Raten Sie doch mal: Welche Sportanlage ist wohl die größte von Dresden? Tipp: Es ist nicht das zentral gelegene Rudolf-Harbig-Fußballstadion, in dem Drittligist Dynamo Dresden seine berühmt-berüchtigten Fans ein ums andere Mal enttäuscht.

Nein, die Ehre gebührt der 43 Hektar umfassenden Pferderennbahn im Stadtteil Seidnitz – weit entfernt vom Stadtzentrum, aber mitten im Herzen der Dresdner Bevölkerung, die jedes Rennen der Saison begeistert verfolgt. Anders als im mondänen englischen Ascot taucht hier allerdings kaum jemand mit Hut und Handschuhen auf – stattdessen haben die Veranstaltungen auf der Galopprennbahn den Ruf, sehr familienfreundlich zu sein.

»Sehen und gesehen werden« heißt es allenfalls auf der denkmalgeschützten Holztribüne, die das Wahrzeichen der Galopprennbahn ist. Das technische Meisterwerk wurde bereits 1891 erbaut und von keinem Geringeren als dem (letzten) sächsischen König Albert eingeweiht. Ihre beste Zeit hatte die Anlage der Galopprennbahn vor dem Zweiten Weltkrieg. Damals war sie eine der bekanntesten Rennbahnen Deutschlands und konnte auf eine eigene Straßenbahn-Gleisschleife, einen eigenen Bahnhof und vor allem modernste Wettmaschinen stolz sein – denn darauf kommt es beim Pferderennen schließlich an. Der Nervenkitzel, wenn das »eigene« Pferd auf der Zielgeraden nur noch eine Kopflänge vom Sieg entfernt scheint, ist heute sicherlich noch der gleiche wie vor Jahrzehnten.

Ein kleiner Tipp für alle, die keinen der 1.000 Sitzplätze auf der Tribüne ergattern konnten: Am Sattelplatz werden die edlen Vollblüter vor dem Rennen dem Publikum vorgeführt; auf dem Führring kann man sie dann beim Aufwärmen begutachten. Hat man seine Entscheidung getroffen, heißt es: schnell zu den Wettschaltern laufen und die Wette platzieren. Auch ohne Pferdeverstand hat man hier schon sehr glückliche Gewinner gesehen!

Adresse Oskar-Röder-Straße 1, 01237 Dresden-Seidnitz, www.galopprennbahn-dresden-seidnitz.de | **ÖPNV** S1, S2, Haltestelle Bahnhof Dresden-Reick; Bus 65, 68, Haltestelle Pferderennbahn | **Öffnungszeiten** an den Renntagen, Infos siehe Website, vor Ort nur wenige kostenpflichtige Parkplätze | **Tipp** Neben Pferderennen waren auch Radrennen in Dresden früher en vogue. Heute kann man diesen Sport nur noch in Heidenau südlich von Dresden genießen, auf einer 2005 sanierten Radrennbahn, die mehrere Welt-Spitzensportler hervorgebracht hat.

35_Der Gasometer

Beeindruckend hohl

Für seine 360-Grad-Panoramagemälde »Dresden im Barock« und »Dresden 1945« hat der Künstler Yadegar Asisi im Süden der Stadt das perfekte Gebäude gefunden: einen riesigen ehemaligen Gasbehälter, innen hohl und kreisrund. Das »Panometer« hat ein Geschwistergebäude, das nicht minder sehenswert ist.

Fast 100 Jahre lang erzeugte Dresden sein Gas selbst und speicherte den explosiven Energieträger in drei enormen Anlagen: den Gasometern I, II und III. Besonders im Vergleich zu den umstehenden niedrigen Einfamilienhäusern des Stadtteils Reick wirken sie gigantisch. Die 95 Meter hohe Frauenkirche mit ihrer bauchigen Kuppel würde in einem einzigen der Gasbehälter mühelos Platz finden.

Anders als bei heutigen Anlagen dieser Art wurde beim Bau der Gasometer noch auf Stil geachtet. Angesehene Architekten wie Hans Poelzig, der auch den Mosaikbrunnen im Großen Garten erschuf, und Hans Erlwein, der so ziemlich in jedem Stadtteil seine Spuren hinterlassen hat, entwarfen die sechsgeschossigen Zylinder, die von flachen Kuppeldächern wie Topfdeckel abgeschlossen werden. Besonders der Erlwein-Gasometer sorgte für Aufsehen. Er gilt als die erste selbsttragende Stahlbeton-Konstruktion Europas. Die Energie fürs Heizen und für die Beleuchtung Dresdens kam seit 1923 vollständig von hier, und nach der Zerstörung 1945 sorgte man schnell für den Wiederaufbau.

Heute stehen von den drei Gasbehältern nur noch zwei, Gas enthält seit 1973 keiner mehr – Dresdens Energie liefern jetzt sieben kleinere Heizkraftwerke. Im Gasometer II läuft seit 2006 die gut besuchte Asisi-Ausstellung. Der benachbarte Erlwein-Gasbehälter, der noch aus Ziegeln gemauert wurde, steht dagegen nach wie vor leer. Er sollte eine neue Heimat für den Zirkus, einen Sportpalast oder ein Musicaltheater werden, erweist sich aber störrisch als zu groß – und bleibt ein einsamer, grandioser Lost Place.

Adresse Gasanstaltstraße 8B, 01237 Dresden-Reick | **ÖPNV** Bus 64, Haltestelle Nätherstraße; S1, S2, Haltestelle Bahnhof Dresden-Reick | **Tipp** Für Fans von Erlweins Schaffen bietet sich ein Spaziergang zur nahen Elsa-Brändström-Straße an. Hier steht eine Erlwein-Villa im Stil der alten Dresdner Schule, der seit 1900 in Dresden schwer angesagt war.

36 Die Geh8

In Pieschen geht was

Die Verwandlungsfähigkeit, die in einem alten Bahnschuppen steckt, ist erstaunlich. In Pieschen ist aus einer ungepflegten Brache auf alten Bahngleisen ein kultureller Raum entstanden, der von Kunstschaffenden und Kindern gleichermaßen genutzt wird.

Im Schatten des beeindruckend großen neuen Schulgebäudes an der Gehestraße hätte man den schlichten Klinkerbau fast übersehen. Aber dann mauserte sich die frühere Wagenreparaturwerkstatt der Deutschen Bahn zu einem interessanten Verbindungsort von Kultur und Natur.

Die alten Schienen sind immer noch zu sehen; sie führen direkt in das lang gestreckte Gebäude hinein, das heute zehn Ateliers und eine große Ausstellungshalle beherbergt. Neben Kunstschaffenden haben sich hier auch ein Architekturbüro und ein Büro für Stadtplanung angesiedelt. Der Fokus der Ausstellungen liegt daher nicht nur auf zeitgenössischer Kunst, sondern auch auf Stadtentwicklung und kultureller Bildung – wie praktisch, dass die Geh8 direkt neben einer Schule steht! Selbst wenn kein Künstler vor Ort ist, sieht man neugierige Kinder und Spaziergänger, die sich an den Fensterscheiben der Geh8 die Nasen platt drücken.

Denn auf dem Schulhof, den sich das Gymnasium Pieschen und die 145. Oberschule teilen, sind auch nach Schulschluss viele kleine und große Menschen unterwegs. Das liegt nicht nur an den frei zugänglichen Tischtennisplatten und dem langen Fußweg, der geradezu danach ruft, dass man ihn mit Rollerblades und Skateboards benutzt. Auf dem schmalen Streifen zwischen der Straße und den Schulgebäuden zieht sich ein 300 Meter langer Grünstreifen, der auf einem Spielplatz endet. Dessen Besucher wiederum (oder wenigstens ihre Eltern) setzen sich nach dem Toben gern in den »Sommergarten« der Geh8, wo Bier und Kleinigkeiten aus dem »Scheunecafé« in der nahen Neustadt serviert werden. So verbindet sich die Kunst aufs Schönste mit dem Alltagsleben.

Adresse Gehestraße 8, 01127 Dresden-Pieschen | ÖPNV Straßenbahn 4, 6, 7, 8, 9, 10, 11, 12, Haltestelle Großenhainer Platz | Öffnungszeiten Mo – Fr 10 – 16 Uhr; Sommergarten: Do, Fr 16 – 23 Uhr, Sa, So 14 – 23 Uhr | Tipp Für Eltern mit Kindern empfiehlt sich dringend der anschließende Besuch im »Eselnest« am Elbufer an der Eisenberger Straße. Die Klettergerüste Marke Eigenbau und die gesamte Anlage (mit echten Eseln!) sind ein Mustsee für Familien in Dresden.

37 Die Ginkgo-Allee

Stinkende Schönheiten

Er braucht wenig Wasser, ist schädlingsresistent, und seine schmetterlingsförmigen Blätter sehen exotisch aus – vor allem wenn sie sich im Herbst leuchtend buttergelb verfärben. In Ostasien stehen die mächtigen Ginkgo-Bäume oft vor Tempeln, sie symbolisieren dort ein langes Leben und Unbesiegbarkeit. Ganze Straßenzüge mit den aus China stammenden Ginkgos zu bepflanzen, die heute in freier Natur fast ausgestorben sind, ist trotzdem nicht unbedingt eine gute Idee.

Werden die weiblichen Exemplare nämlich mit etwa 30 Jahren geschlechtsreif, verbreiten ihre kirschförmigen Früchte, die »Silberaprikosen«, einen äußerst unangenehmen Geruch. Da man das Geschlecht beim Anpflanzen der Bäume aber noch nicht erkennen kann, gleicht das Anlegen einer Ginkgo-Allee einem Glücksspiel. Die Anwohner der Bachstraße im Preußischen Viertel können davon ein trauriges Lied singen. Wenn im Herbst die bis zu 118 Jahre alten Ginkgo-Bäume Früchte tragen, stinkt es hier nach einer Mischung aus Hundekot und Erbrochenem – was so manchem den Spaziergang zur wunderschönen Laubfärbungszeit nachhaltig vermiest.

Die ursprünglichen Stadtbegrüner von Dresden kann man dafür nicht verantwortlich machen, die meisten weiblichen Ginkgos gehen auf das Konto der Nachwende-Bepflanzung an der Bachstraße, die fast die Hälfte des heutigen Bestands ausmacht. Absägen kommt nicht in Frage, die Bäume gelten als Naturdenkmale. Als lebende Fossilien wuchsen sie schon zur Zeit der Dinosaurier auf der Erde.

Regelmäßig steigt daher im Herbst die Stadtreinigung hinauf in die Baumkronen, wo die reifen Früchte erst abgeschüttelt und dann vom Pflaster gelesen werden. Weht gerade ein frischer Wind oder pflegt man gerade den ersten Herbstschnupfen, ist ein Spaziergang im goldenen Ginkgo-Laub allerdings eine echte Augenweide. Und auf den Erinnerungsfotos riecht man dann auch nichts mehr.

Adresse Bachstraße, 01099 Dresden-Neustadt; weitere Ginkgo-Allee: Hans-Sachs-Straße, 01129 Dresden-Pieschen | **ÖPNV** Straßenbahn 13, Haltestelle Alaunplatz; Straßenbahn 11, Haltestelle Diakonissenkrankenhaus | **Tipp** In der asiatischen Küche sind geröstete Gingko-Samen eine Delikatesse. Aber Vorsicht beim Anfassen der reifen Früchte: Ihre Schalen enthalten Buttersäure und das Nervengift Gingkotoxin, das allergische Reaktionen auslösen kann.

38 Die gläserne Bank

Nicht wegsehen!

Die Dresdner lieben ihre Parks und Grünanlagen; die Stadt gilt als eine der grünsten in Deutschland. Umso perfider mutet es an, dass die Nazi-Führung ab 1938 allen jüdischen Einwohnern von Dresden verbot, sich an diesen Orten aufzuhalten. »Nur für Arier«, hieß es seitdem an den Parkeingängen – und diese Schikane war nur der Anfang, wie wir heute wissen.

Während der Zeit des Dritten Reichs wurden Millionen von Menschen aus der Mitte der Bevölkerung isoliert, schikaniert, misshandelt und getötet – oft direkt unter den Augen ihrer Nachbarn, Freunde und Kollegen. Heute fragen wir uns oft ungläubig, wie die Menschen in Deutschland das tun und zulassen konnten. Dabei liegt die Antwort vor unseren Augen: Es beginnt mit dem Wegsehen.

Die Künstlerin Marion Kahnemann hat sich genau damit beschäftigt. Drei Bänke aus durchsichtigem Plexiglas hat sie aufstellen lassen, exakt dort, wo man schon im Nationalsozialismus gern saß und heute noch im Grünen sitzt: mitten auf der Brühlschen Terrasse, an der Hauptallee im Großen Garten und im benachbarten Blüherpark. »Hinsehen« ist in Großbuchstaben in die Rückenlehnen der ansonsten transparenten Sitzgelegenheiten eingestanzt, die auf den ersten Blick ganz normal aussehen. Hier darf und soll man sich hinsetzen, bitte gern!

Die Einladung geht an jeden, der vorbeigeht und sich ausruhen möchte. Versehen ist sie allerdings mit einer Bitte: Man möge eben hinsehen und nicht so tun, als würde man nichts bemerken von dem, was vor den Augen aller geschieht. Vor 90 Jahren war es die Ermordung von Juden, Kommunisten und Nicht-Ariern – heute geht es wieder los mit Intoleranz und Fremdenhass, Verschwörungstheorien und Gewalt gegen anders Aussehende und Andersdenkende. Und wo wird es diesmal enden? Jedermann, aber besonders die Dresdner, sollen sich ermahnt fühlen: Wir tragen auch Verantwortung für das, was wir nicht tun und sehen wollen.

Adresse Brühlsche Terrasse (auf Höhe der Kunsthochschule), Georg-Treu-Platz 1, 01067 Dresden-Altstadt; Blüherpark (am Hauptweg nahe dem Teich), Blüherstraße, 01069 Dresden-Seevorstadt West; Großer Garten (Parallelweg zur Hauptallee, kurz nach dem Mosaikbrunnen), Hauptallee 9, 01219 Dresden-Seevorstadt Ost | **ÖPNV** Brühlsche Terrasse: Straßenbahn 4, 8, 9, Haltestelle Theaterplatz; Blüherpark: Bus 68, Haltestelle Hans-Dankner-Straße; Großer Garten: Straßenbahn 10, 13, Haltestelle Georg-Arnhold-Bad | **Tipp** Ab 1939 wurden Juden in Dresden aus ihren Häusern verjagt und in »Judenhäusern« einquartiert. Ein ehemaliges Judenhaus, am 13. Februar 1945 zerstört, wurde erst 2016 nahe der Frauenkirche neu errichtet. An seinen Zweck erinnert eine Bronzetafel an der Ecke Schössergasse/Sporergasse.

39 Das Grab von Lili Elbe

Späte Ehre für einen mutigen Menschen

Die ältesten Grabstellen auf dem fünftgrößten Friedhof von Dresden sind stattliche 200 Jahre alt. Neben den Grabmalen bekannter Künstler wie des Romantikers Caspar David Friedrich oder des Musikers Friedrich Wieck – des Vaters der Komponistin Clara Schumann – steht seit einigen Jahren ein unscheinbarer Grabstein, der einen äußerst mutigen Menschen ehrt.

Der Lageplan des Trinitatisfriedhofs ist sehr detailliert, er hängt als Infotafel am Eingang und kann als Flyer zur Orientierung mitgenommen werden, wenn man über die verwinkelte Anlage spazieren möchte. Ein ganz bestimmtes Grab ist hier allerdings nicht verzeichnet, dabei wurde der Grabstein für Lili Elbe erst nach 2015 wieder aufgestellt.

Anlass war der Film »The Danish Girl«, der eine unerhörte Geschichte erzählt, die tatsächlich in Dresden passiert ist: Einar Wegener, ein dänischer Künstler, entschloss sich als junger Mann zu einer geschlechtsangleichenden Operation. Es war 1931 und das erste Mal, dass Ärzte eine solche Operation versuchten. Vier Eingriffe machten aus Einar die Frau, als die er sich schon lange gefühlt hatte: Lili Elbe. Medizinisch war die Operation ein bahnbrechender Erfolg. Leider starb Lili Elbe wenige Monate nach dem letzten Eingriff in der Frauenklinik in Dresden, die damals noch nahe dem Friedhof in der Johannstadt lag, wahrscheinlich an einer Infektion. Lili Elbe hatte ihren Nachnamen bewusst nach dem hiesigen Fluss gewählt, als Erinnerung an den Beginn ihres neuen Lebens.

In den 1960er Jahren hatte man ihr Grab verschämt eingeebnet. Erst die Produktionsfirma des erfolgreichen Hollywood-Films kaufte einen neuen Grabstein, der dann auch feierlich eingeweiht wurde. Seitdem ist der schlichte Stein immer liebevoll geschmückt: Frische Blumen, seidene Tücher und manchmal auch Federboas feiern den Mut eines Menschen, der bis zum Äußersten ging, um sein wahres Wesen leben zu können.

Adresse Trinitatisfriedhof, Gräberfeld IIC, Fiedlerstraße 1, 01307 Dresden-Johannstadt | ÖPNV Straßenbahn 6, Haltestelle Trinitatisplatz; Bus 62, Haltestelle Tatzberg (Nebeneingang); vom Haupteingang Fiedlerstraße 1 zum Andachtsplatz, dann rechts, nach der Mauer links abbiegen, drittes Grab auf der rechten Seite | Öffnungszeiten täglich ab 8 Uhr bis zur Dämmerung | Tipp Nur wenige Meter vom Eingang des Trinitatisfriedhofs beginnt die Lili-Elbe-Straße – die erste Straße Deutschlands, die eine queere Persönlichkeit ehrt.

40 Die Hafenmeister

Genuss-Gastro-Geheimtipp am Hafen

Vom Brausen des Verkehrs auf der nahen Leipziger Straße ist am Neustädter Hafen nichts zu hören. Am Ufer des 1872 parallel zur Elbe angelegten Wasserbeckens schauen tiefenentspannte Angler auf ihre Schwimmer, knuffige Nutrias ziehen ihre Bahnen, und Singvögel zwitschern in den Büschen um die Wette. Das schicke Gebäude der »Hafenmeister« bringt Stil in die Idylle und ist noch ein echter Geheimtipp.

Dass es die »Hafenmeister« überhaupt wieder gibt, wissen noch nicht viele Dresdner. Der Vorbesitzer gab nach nur einem Jahr wieder auf, danach stand das Haus lange leer. Ab 2021 blockierte die Großbaustelle der »HafenCity« monatelang den Elberadweg und hielt Spaziergänger ab. Die neuen Hafenmeister haben es dennoch geschafft: Sie bieten genau das richtige Ambiente für Menschen, die gern mit Blick aufs Wasser chillen, dabei gut essen und Musik genießen wollen.

Viele Stammgäste lieben die stylishe Location an der schmalsten Stelle des Elberadwegs seit ihrer Neueröffnung 2018 und wünschen sich, dass es hier unten am Neustädter Hafen weiterhin so schön ruhig bleibt.

Kai Roscher und Tino Fleischer, die neuerdings auch die Hafenbetreiber sind, haben bereits genug zu tun: Es gibt zwar wenig Schiffsverkehr, dafür starten regelmäßig Partyflöße, Yogaschüler balancieren auf SUPs, und manchmal finden auch Hafenkonzerte statt. Vor allem wird fleißig gegrillt: Gäste schwärmen vom F4-Designgrill, den man auch für den eigenen Bedarf kaufen kann. Die Krönung ist die originelle Fass-Sauna, aus deren Fenster man im Winter beim Schwitzen auf das Panorama der Dresdner Altstadt blickt. Der rostige Elbkran auf seinem Beton-Ausleger wurde nach langem Dornröschenschlaf von Brombeerhecken befreit und bekam direkt einen Auftritt als Location im Dresdner »Tatort« – einen cooleren Eis-Kiosk wird es in ganz Dresden nicht geben, wenn die Sanierung abgeschlossen ist.

Adresse am Pieschener Hafen, Zugang über Leipziger Straße 25, 01197 Dresden-Leipziger Vorstadt, Tel. 0351/25529873 | **ÖPNV** Straßenbahn 4, 9, Haltestelle Alter Schlachthof | **Öffnungszeiten** bei gutem Wetter Fr – So täglich 14 – 1 Uhr | **Tipp** Wer nach dem Abend bei den Hafenmeistern nicht nach Hause will, der findet in der »Schiffsherberge Pöppelmann« eine Koje. Das Hotelschiff hat seinen Dauerliegeplatz im Neustädter Hafen.

41 Der Haselbauer-Eispavillon

Hier schmeckt's nach DDR

Heute kennen es eigentlich nur noch die Ur-Dresdner, aber die schwärmen vom sahnigen DDR-Vanilleeis mit dem ganz besonderen Geschmack. Beim Verzehr verlangte es besonderes Geschick: Es wurde nicht in Becher gefüllt, sondern in eine doppelte Muschelwaffel gestrichen und türmte sich dort zu einem paradiesischen Haufen auf. Der natürlich je nach Wetterlage schnelles Schlecken verlangte, wollte man nicht »eine Hand voll« Vanilleeis haben.

Über Jahrzehnte bekam man das Haselbauer-Eis am Fučíkplatz, der nach 1989 in Straßburger Platz umbenannt wurde. Bereits einige Jahre zuvor war der Eispavillon dort verschwunden. 2003 ging ein Jubel durch die Alteingesessenen-Community von Dresden: Das begehrte DDR-Eis in der Muschelwaffel war wieder da! Verkauft wird es seitdem im »Haselbauer-Eispavillon« mitten auf der Haltestellen-Insel an der Prager Straße. Frau Walter, die heutige Haselbäuerin, besorgte sich 2003 die Markenrechte, ließ sie vorsichtshalber patentieren und errichtete dann einen neuen Eispavillon, mitten in der City zwischen den Kaufhäusern. Eine gute Entscheidung! Konsequent ist nach wie vor nur Eis in der Geschmacksrichtung Vanille erhältlich, aber das stört die vielen Fans nicht im Geringsten.

Ist das Wetter doch einmal zu kalt zum Eisschlecken, sollte man die köstlichen Schaumwaffeln von Haselbauer probieren. Die werden, genau wie das Vanilleeis, nur aus regionalen Zutaten und immer frisch produziert. Schmeckt man – sagen die Fans. Schmeckt gar nicht – sagen andere. Da hilft wohl nur ausprobieren, zu welcher Fraktion man gehört. Was man vorher wissen sollte: Haselbauer-Eis ist sogenanntes Streich-Eis, es ist also deutlich weicher und luftiger als klassisches italienisches Eis. Und das Jonglieren der Eis-Wolke in den aneinandergelegten Waffelschalen ist auch nicht jedermanns Sache – Übung macht den Meister!

Adresse Dr.-Külz-Ring 14, 01067 Dresden-Mitte | ÖPNV Straßenbahn 7, 8, 9, 11, 12, Bus 62, 68, Haltestelle Prager Straße | Öffnungszeiten April – Okt. Mo – Sa 11 – 19 Uhr | Tipp Echtes Haselbauer-Eis gibt es auch 600 Meter weiter am anderen Ende der Prager Straße: In der »Original Eisbar« verkauft Heidi Haselbauer, die Enkelin der ursprünglichen Haselbauer-Eisverkäufer, Vanilleeis nach Omas Rezept (nur ohne den Markennamen). Welches schmeckt wohl besser?

42__Der Hecht

Ein zweites Leben für den Meißner Herrenschuh

Auch in der sozialistischen DDR mit ihren staatlichen Betrieben gab es kommerzielle Werbung, zumindest in den Anfangsjahren. Noch immer findet man (nicht nur in Dresden) vereinzelt an Brandmauern verblichene Leuchtreklamen, die in eleganten Lettern der 1960er Jahre für Margonwasser oder Erdal-Schuhcreme werben. Einer dieser Schriftzüge im Hechtviertel hat die DDR-Zeit überdauert, allerdings inkognito.

Seit 1961 eilten die Dresdner Passanten am Bischofsplatz, dem Tor zum Hechtviertel, an der Werbung mit dem Slogan »Der elegante Meißner Herrenschuh« vorbei. Mehr als 50 Jahre hielt sich diese Anzeige wacker, während in Meißen schon lange keine Herrenschuhe mehr hergestellt wurden. Nach der Wende wurde – zusammen mit dem gesamten Straßenzug – auch das Haus an der Hechtstraße 6 saniert. Der Besitzer ließ dabei die rostigen Buchstaben von der Frontseite entfernen.

Nostalgische Anwohner des Hechtviertels retteten die Installation in letzter Minute aus dem Müllcontainer. Was tun damit? Eine tolle Idee entstand: Aus den Buchstaben schweißten sie den Schriftzug »Der Hecht« zusammen. Die neue Ikone des Hechtviertels war fertig – repräsentativ für das neu erwachte Selbstbewusstsein des Viertels, das gerade aus dem Schatten der zunehmend cooleren, hipperen, gentrifizierten Äußeren Neustadt trat und seine eigene Identität fand.

Mehrere Jahre lang prangte »Der Hecht« auf der Brache gegenüber der Brandmauer, die einst seine Vorgänger-Version getragen hatte, und gab dem Urban-Gardening-Projekt »Hechtgrün« seinen Namen. Als der Gartengemeinschaft zugunsten eines hässlichen Bürogebäude-Neubaus gekündigt wurde – keine Sorge, sie mussten nur um die Ecke ziehen –, zog auch »Der Hecht« erneut um. Heute ziert er den 2022 neu eröffneten, wunderbar unhippen »Hechtgarten« am gegenüberliegenden Rand des Bischofsplatzes, der zum entspannten Trinken im urbanen Grün einlädt.

Adresse Bischofsplatz 1, 01097 Dresden-Neustadt | **ÖPNV** Straßenbahn 13, Haltestelle Bischofsplatz; S1, Haltestelle Bahnhof Bischofsplatz | **Öffnungszeiten** Hechtgarten: Mo – Fr 16 – 23.30 Uhr, Sa 14 – 0.30 Uhr, So 14 – 23.30 Uhr | **Tipp** Der identitätsstiftende »Hecht« findet sich im Viertel an vielen Stellen und in vielen Formen, vom S-Bahnhof bis zum Spielplatz. Ein Spaziergang durch den Kiez zwischen Bischofsplatz und Buchenstraße lohnt sich!

43 Das Hotel am Terrassenufer

Hässliches Highlight

Wie schön die Dresdner Skyline aussieht – mit dem bauchigen Turm der Frauenkirche, der markanten Glaskuppel der Kunstakademie und der stolz aufragenden Hofkirche neben dem Residenzschloss! Man darf den Blick nur nicht weiter nach links schweifen lassen … Dort, gleich neben den hell leuchtenden Sandsteinquadern der Neuen Synagoge (siehe Ort 70) und dem geschwungenen Bogen der Carolabrücke, ragt ein weiß-gelb strahlender Schandfleck hoch auf und bildet den weithin sichtbaren Schlussstein der Dresdner Altstadt-Silhouette.

Das schmucklose, im Stil des Brutalismus erbaute »Hotel am Terrassenufer« ist vielen Fans der Dresdner Altstadt schon seit Jahrzehnten ein Dorn im Auge. Mit seinen zwölf Geschossen lässt es sich einfach nicht ignorieren, und kein Baum würde jemals hoch genug wachsen, um die – immerhin inzwischen ordentlich sanierte – Fassade gnädig zu verdecken.

Dass das Hotel immer noch steht, ist ein kleines Wunder. Schon 1993 wollte die Stadtverwaltung den unansehnlichen Quader abreißen lassen, und der Bebauungsplan von 2006 verbietet dort ausdrücklich jedes Gebäude, das höher ist als die Neue Synagoge. Die Hotelbesitzer aber blieben hartnäckig: Sie zogen vor Gericht, setzten sich durch und betreiben das Hotel unbeirrt seit inzwischen 30 Jahren.

Die zentrale Lage, die niedrigen Preise und der unbestreitbar traumhafte Blick aus den Fenstern bescheren dem Haus durchaus seine Fans, wie Bewertungen auf Hotelportalen zeigen. Nach Jahren des Stillstands kommt nun wieder Bewegung in die verfahrene Debatte. Eine Gestaltungskommission ließ mehrere Architekturbüros neue Ideen für das Hotel entwickeln, die dessen 1960er-Look erhalten. Wenn es tatsächlich eine öffentlich begehbare Dachterrasse geben sollte, würde das sicherlich viele Dresdner mit dem Schandfleck versöhnen – denn bis heute gibt es in der ganzen Stadt keine anständige Rooftop-Bar.

Adresse Terrassenufer 12, 01069 Dresden-Altstadt | **ÖPNV** Straßenbahn 3, 7, Haltestelle Rathenauplatz/Synagoge | **Tipp** Schon heute ist das Dach des Hotels ein weltweit bekannter Ort – hier oben steht nämlich eine Wettercam, die auf das Terrassenufer gerichtet ist und täglich von Tausenden Menschen angeklickt wird. Auch die ARD und RTL nutzen die Live-Bilder vom Hoteldach.

44 Die Internationalen Gärten

Gartenidyll in der Platte

Die Johannstadt wird niemand ernsthaft als hippes Vorzeige-Stadtviertel von Dresden bezeichnen, noch nicht einmal ihre Fans. Sie kann auch nicht mit barockem Glanz oder Fachwerk-Idylle aufwarten. Hier ragen zentrumsnah endlose Reihen von Wohnblöcken auf – und sind das Zuhause für viele Menschen, die in der Gesellschaft noch ihren Platz finden müssen. In den Internationalen Gärten können sie ankommen und werden auf Augenhöhe willkommen geheißen.

Vor dem Zweiten Weltkrieg war die am südlichen Elbufer gelegene Johannstadt ein dicht bebautes und gut situiertes Viertel. Die drei Bombardierungen von 1945 ließen kaum ein Haus stehen. Nach dem Krieg wuchsen aus der Trümmerbrache schnell unzählige Plattenbauten in die Höhe, günstiger Wohnraum wurde dringend gebraucht. Das Ergebnis dieser unbedachten Wohnraumplanung zeigte sich nach der Wende: Die vielen jungen Menschen, die in den 1960ern eingezogen waren, sind heute alt. Die günstigen Wohnungen werden bevorzugt an Menschen vermietet, die sparen müssen: Senioren, Geringverdiener und Migranten. Sprachbarrieren, Berührungsängste und Isolation führen zu Unzufriedenheit und Schlimmerem.

Was kann man da tun? Gärtnern. Tatsächlich hat sich der fast 4.000 Quadratmeter große Gemeinschaftsgarten seit seiner Gründung im Jahr 2005 zum »grünen Wohnzimmer« der Johannstadt entwickelt: Erst an der Pfotenhauer Straße, jetzt an der Holbeinstraße kommen Menschen jeder Herkunft zusammen. Zum Harken und Jäten, Kochen und Musizieren, um Sprachen zu lernen und Freundschaften zu schließen. Für die einen sind die Gärten ein Rückzugsort, andere wollen fremde Kulturen kennenlernen – oder schlicht günstiges Gemüse ernten. Wie man das anbaut, ist je nach Herkunftsland verschieden, und so ist ein Spaziergang über die Gartenfläche eine kleine Weltreise.

Adresse Holbeinstraße/Ecke Permoserstraße, 01307 Dresden-Johannstadt, www.internationale-gaerten-dresden.de | **ÖPNV** Bus 62, Haltestelle Striesener Straße; Straßenbahn 6, 11, Haltestelle Permoserstraße | **Tipp** Gleich um die Ecke liegt eine weitere grüne Oase zwischen Hochhäusern: Der »Johanngarten« wurde auf dem Gelände des ehemaligen Plattenwerks angelegt, das Dresden mit Fertigbauteilen versorgte. Der Park ist in Anlehnung an eine typische WBS-70-Dreiraumwohnung gestaltet, auch die Gehwegplatten atmen DDR-Historie – sie lagen früher vor dem Kulturpalast.

45 Das Japanische Palais

Kunst für das Volk

Es gilt als ein Meisterwerk des Barock, und dennoch passt das Japanische Palais nicht so recht zum historischen Stadtkern von Dresden. Immer ein wenig abseits der Touristenströme geblieben, ist hinter den dicken Mauern einer der kulturell spannendsten Orte in Dresden entstanden.

Sachsens Kurfürst August der Starke gab 1717 für die Unterbringung seiner Porzellansammlung ein Porzellanschloss im Chinoiserie-Stil in Auftrag. Für dessen Ausstattung fertigte die frisch gegründete Meißner Porzellanmanufaktur Zehntausende von Gegenständen an – selbst die Dächer wollte der ehrgeizige Kurfürst mit Porzellanplatten gedeckt sehen.

Später wurde das prunkvoll angelegte Schloss jedoch, je nach Geschmack und Geldbeutel des aktuellen Besitzers, immer wieder umgestaltet. Geblieben vom chinoisen Traum sind eigentlich nur die fernöstlich geschwungenen Dächer und das Giebelrelief. Es zeigt Japaner und Sachsen, die ihre Porzellanwaren vor der Göttin Saxonia präsentieren, wobei die Sachsen besser abzuschneiden scheinen.

Das »Museum usui publico patens« soll dem Volk offenstehen, so will es die Inschrift über dem Eingang. Und so haben sehr unterschiedliche Museen ihre Heimat im Japanischen Palais: Von den Senckenberg Naturhistorischen Sammlungen und dem Museum für Völkerkunde bis zum Archiv der Avantgarden reicht das Spektrum. Alle zwei Jahre findet die Kinderbiennale statt, im Sommer lädt der »Palais Sommer« (neuerdings der »Kultursommer«) zu Musik und Yoga auf die Parkwiesen ein, es gibt ein Debattierforum und die MUPP Art Night. Kunst und Kultur sind aber nicht alles, was man im Japanischen Palais findet. Das nachhaltige, müllfreie »Palais Café« baut im Innenhof Kräuter an und lädt zu gemeinsamen Koch-Abenden und Workshops. Fair Fashion Factory und Restewerkstatt helfen beim Upcycling, und die Visionswerkstatt bietet Raum, um eigene Ideen zu verwirklichen.

Adresse Palaisplatz 11, 01097 Dresden-Neustadt, www.japanisches-palais.skd.museum, www.palais-cafe.org | ÖPNV Straßenbahn 4, 8, 9, Haltestelle Neustädter Markt | Öffnungszeiten Di – So 10 – 18 Uhr; Palais-Café: Mi – So 10 – 18 Uhr | Tipp Fast noch schöner als das barocke Gebäude selbst ist der Park rund um das Japanische Palais mit den zwei riesigen Platanen als Herzstück. Auf der Westseite versteckt sich unter einem Weinrankendickicht die Alte Bastion, einer der letzten Teile der Dresdner Stadtmauer, die 1899 geschliffen wurde.

46 Die Kanaldeckel

Skyline zu Füßen

Ein eher seltenes und ungewöhnliches Hobby ist das Sammeln von Kanaldeckeln – beziehungsweise der Motive, die hier in schwerem Gusseisen abgebildet sind. Einen Versuch ist es aber wert! Wer beim Stadtbummel hin und wieder nach unten schaut, der macht auch in Dresden schöne Entdeckungen.

Die Kanalisation kann mit Fug und Recht als eine der wichtigsten zivilisatorischen Errungenschaften der Menschheit bezeichnet werden. Das geschickte Auslagern der »anrüchigen« menschlichen Hinterlassenschaften unter die Erde hat das moderne Stadtleben sogar erst möglich gemacht.

Anstatt das Thema mit dem Betätigen der Klospülung einfach zu vergessen, kann man in Dresden auf die Suche nach Kanaldeckel-Motiven gehen. Zuvor eine kleine Begriffsklärung: Gullydeckel sind die eckigen Abdeckungen im Rinnstein, während Kanaldeckel die großen runden Deckel über den Schächten sind, durch die man in die Kanalisation hinabsteigen kann.

Über das Stadtgebiet verteilt gibt es verschiedene Motive, die man wie bei einer Schnitzeljagd »sammeln« kann. Bereits der Standard-Kanaldeckel ohne Motiv ist etwas Besonderes: Für die Bauform »Typ Dresden« wurde die Dresdner Stadtreinigung 2014 mit dem »Goldenen Kanaldeckel« geehrt. Für Touristen interessanter ist der Kanaldeckel mit den sieben Gebäuden, die zur Silhouette der Stadt gehören: Frauenkirche, Hofkirche und Goldener Reiter, die Semperoper, der Zwinger mit dem Kronentor und die orientalisch anmutende Yenidze sind abgebildet – Nummer sieben ist das Klärwerk (Ort 50), dessen Faultürme man wie zwei riesige Ostereier an der Elbe aufragen sieht, wenn man über die A13 von Norden in die Stadt fährt. Diese coolen Kanaldeckel bedecken 50 Kanalisationsschächte in Dresden. Der erste wurde 2017 in der Augustusstraße verlegt, die am berühmten Fürstenzug vorbeiführt – hier also nicht nur staunend nach oben schauen, sondern auch nach unten!

Adresse Augustusstraße, 01067 Dresden-Altstadt | ÖPNV Straßenbahn 4, 8, 9, Haltestelle Theaterplatz | Tipp Eine schöne Erinnerung daran, dass Dresden eine der ersten deutschen Städte mit einem Abwassersystem war, ist das »Klo-Kino«: Auf dem Vorplatz der Altmarkt-Galerie führt eine Treppe unter die Erde zu einer Scheibe, durch die man direkt in die Kanalisation schauen kann.

47__Das Kellerfenster

Elektro Könner hat geöffnet

Wenn im kleinsten Schaufenster Dresdens die Lampe leuchtet, ist geöffnet – aber menschliche Kundschaft hat das Geschäft von »Elektro Könner« noch nie betreten. Wie auch: Den Mini-Laden entdeckt man nur, wenn man beim Spaziergang durch die Äußere Neustadt im richtigen Moment auf die eigenen Schuhspitzen schaut – er befindet sich nämlich in einem ausgebauten Kellerfenster.

Dresden ist nicht nur die Heimat des offiziell schönsten Milchladens der Welt – »Pfund‹s Molkerei« an der Bautzner Straße hat sogar einen Eintrag im Guinnessbuch der Rekorde. Seit Anfang 2019 gibt es hier auch den vermutlich kleinsten Elektroladen der Welt – der Guinness-Eintrag lässt allerdings noch auf sich warten, und zum Glück halten an der Sebnitzer Straße auch noch nicht mehrmals täglich Reisebusse voller Touristen.

Um auf den kleinen, liebevoll gepflegten Elektroladen zu stoßen, muss man mit aufmerksamem Blick die schmale Straße entlanggehen, die Alaunstraße, Görlitzer und Kamenzer Straße verbindet. Einige Schritte hinter dem Biolädchen »Grüntal« befindet sich auf Fußhöhe eine detailgetreu gestaltete Ladenfront mit Firmenschild, Briefkasten und einem etwa 15 Zentimeter hohen Schaufenster, dessen Auslage regelmäßig neu gestaltet wird. Die Fassade des Geschäftchens ist, typisch für die Äußere Neustadt, mit winzigen Graffiti und Konzertplakaten geschmückt. Neben dem ebenso winzigen Sicherungskasten steht hin und wieder auch eine Geschenkebox, in der sich die Neustädter Gnome mit Büchern und Krimskrams versorgen können.

Im Jahr 2020 wurde bei »Elektro Könner« sogar eingebrochen. Ob es ein unachtsamer Fußtritt oder mutwillige Zerstörung war, ist nicht bekannt. Zum Glück konnte das Geschäft nach einer längeren Reparaturphase wieder eröffnet werden. Drücken wir die Daumen, dass der Betreiber sich nicht von der Konkurrenz aus dem Onlinehandel in die Knie zwingen lässt!

Adresse Sebnitzer Straße 45, 01099 Dresden | **ÖPNV** Straßenbahn 13, Haltestelle Alaunplatz | **Tipp** Das »echte« Vorbild für Elektro Könner ist wahrscheinlich »Eisenfeustel«: Der kleinste Baumarkt Dresdens an der Bautzner Straße verkauft seit mehr als 100 Jahren Schrauben und Co.

48 Die Kiesgrube Leuben-Nord

Mit der Straßenbahn zum Tauchen

Mitten im dicht besiedelten Stadtteil Leuben liegen zwei ehemalige Flusskies-Fördergruben, aus denen im Laufe von Jahrzehnten ungewöhnlich klare Seen wurden. Die Kiesgrube Süd ist heute für die Dresdner ein bekanntes, allerdings unerlaubtes Badeparadies, wo eine Wasserski-Anlage betrieben wird. Nur durch einen schmalen Damm von ihr getrennt ist die nördliche Nachbarin.

Die Kiesgrube Knobloch, wie sie nach ihrem früheren Besitzer auch heißt, ist im Vergleich zu ihrem Pendant ein unberührtes Naturparadies. Auf der Wasserfläche ziehen Enten und Schwäne ihre Bahnen, unter der Oberfläche zucken Barsche und Plötzen, stehen Hechte und Weißfische. Niemand badet oder surft hier, das ist streng verboten. Stattdessen ist der See von einem dichten Schilfgürtel und drum herum von einer Dornenhecke umgeben. Diese kann man nur in Begleitung von jemandem durchdringen, der im Besitz eines Schlüssels ist – die Zugangstore in den Hecken werden von mehreren Dresdner Tauchvereinen verwaltet. Am Nordufer der Kiesgrube sitzen entspannte Angler, während man am südwestlichen Ende Grüppchen von Anfängern und Profis sieht, die sich aufgeregt schwatzend in Neoprenanzüge zwängen und ihre Ausrüstung sortieren.

Der Tauchgang im bis zu 15 Meter tiefen Wasser ist eine Überraschung: Begleitet von Barsch-Schwärmen und beäugt von Karpfen sinkt man ins kühle Blau hinab und kann hier Artefakte wie eine riesige Schubkarre, ein Motorrad oder einen versunkenen Bauwagen entdecken; mitunter muten die Szenen wie bewusste Inszenierungen an. Quer durch den See ziehen sich lange Schnüre mit Gewebematten, an denen Biologen die Filtratleistung verschiedener Muschelarten testen – auch ein Grund für das außergewöhnlich klare Wasser. Ringsherum ragen Hochhäuser auf, Autos brummen auf den Straßen, mittendrin ist die Kiesgrube Nord eine regelrechte Oase der Stille.

Adresse Zufahrt über Am Fuchsbau 4, 01279 Dresden-Leuben | ÖPNV Straßenbahn 4, 6, 12, Haltestelle Großglocknerstraße; Achtung: Zugang zu den Einstiegen für Taucher nur nach Vereinbarung mit einem der Dresdner Tauchvereine | Tipp Einen schönen Blick über beide Kiesgruben bietet der etwa 30 Meter hohe Hügel am nordwestlichen Rand der beiden künstlichen Seen. Er besteht aus dem Schutt des kriegszerstörten Dresden und ist einer von drei Trümmerbergen im Stadtgebiet (die anderen liegen in der Albertstadt und im Ostragehege in der Friedrichstadt).

49 Die Kindergräber

Woran sich niemand erinnern will

Auch in Dresden mussten in der Zeit des Dritten Reichs Tausende Menschen Zwangsarbeit in Fabriken leisten, wie etwa in den Göhle-Werken der Zeiss-Ikon AG, deren Gebäude in Dresden-Pieschen heute noch erhalten sind. Viele dieser Zwangsarbeiter waren Frauen, und sie bekamen auch in dieser schrecklichen Zeit Kinder. Was geschah eigentlich mit den Kleinen?

Die Frage, wie man im Nationalsozialismus mit den Kindern von Zwangsarbeiterinnen umging, stellte man sich in Dresden 40 Jahre lang überhaupt nicht. Die Erinnerungskultur zum Zweiten Weltkrieg kreist hier fast ausschließlich um die Nacht des 13. Februar 1945. Den einzigen Hinweis auf das Schicksal der Zwangsarbeiterinnen in Dresden gibt die erst kürzlich gestaltete Kindergrabanlage auf dem St.-Pauli-Friedhof im Hechtviertel.

Direkt hinter der Mauer zur Hechtstraße zieht sich eine 90 Meter lange Reihe von Stelen mit kleinen Plaketten, die Vornamen und Lebensalter von 225 dokumentierten Babys tragen – Kinder von französischen, polnischen und sowjetischen Zwangsarbeiterinnen, die in fast allen Fällen nur wenige Wochen alt geworden sind. Man verscharrte sie in Pappkartons an der »Selbstmördermauer« des Friedhofs. Bis 1942 schickte man schwangere Zwangsarbeiterinnen in ihre Heimat zurück. Dann fielen auch die letzten Hürden des Anstands, neugeborene Babys wurden von ihren Müttern getrennt und in »Ausländerkinder-Pflegestätten« untergebracht. In Dresden zog das »Entbindungslager Kiesgrube« am Hammerweg in das »Judenlager am Hellerberg« ein, nachdem 1943 die letzten Juden aus Dresden nach Auschwitz deportiert worden waren. Fast 500 Kinder wurden hier in 22 Monaten geboren, um dann an Vernachlässigung zu sterben, während ihre Mütter schuften mussten.

Die Namensplaketten der Grabanlage sind so schlicht wie herzzerreißend. Gestaltet wurden sie von Dresdner Kindern im Jahr 2015. Endlich erinnert man sich.

Adresse St.-Pauli-Friedhof, Hechtstraße 78, 01127 Dresden-Leipziger Vorstadt | ÖPNV Bus 64, 70, 76, 81, Haltestelle Sankt-Pauli-Friedhof; Kindergrabanlage circa 100 Meter vom Eingang entfernt an der Mauer zur Hechtstraße | Öffnungszeiten täglich 8 – 20 Uhr, im Winter bis 18 Uhr | Tipp Vom Entbindungslager Kiesgrube findet sich keine Spur mehr; auf das Judenlager Hellerberg, das zuvor dieselben Baracken nutzte, weist immerhin eine Stele links vom Eingang des St.-Pauli-Friedhofs hin, wo der Hammerweg beginnt.

50_Das Klärwerk

Eine saubere Angelegenheit

Dresden ist eine saubere Stadt, das lässt sich einwandfrei nachweisen, denn bereits im Jahr 1200 gab es hier die ersten Abwasserkanäle. Aus den einfachen abgedeckten Rinnen wurde ein System aus steinernen Schleusen, das sich bis heute zu einem Netz von 1.850 Kilometern verzweigt hat. Über 99 Prozent des Abwassers gelangen in ein Bauwerk, das weithin sichtbar neben der Autobahn aufragt: Die zentrale Kläranlage ist eine der größten Deutschlands und sieht echt aufregend aus.

Sind das zwei riesige Ostereier? Oder ist es gar ein Mega-BH? Was steht da am Elbufer in Kaditz? Fast jeder, der mit dem Auto nach Dresden kommt, grübelt eine Weile über die Bedeutung dieses Bauwerks. Nur die wenigsten wissen, dass es sich dabei um die beiden Faultürme einer biologischen Abwasserreinigungsanlage mit Teilnitrifikation handelt. Noch weniger interessieren sich dafür, dass die Türme zwar die höchsten, aber längst nicht die einzigen Anlagen des Klärwerks sind – neben den modernen Gebäuden werden noch immer die Erlwein-Bauten genutzt, mit denen das zentrale Klärwerk 1910 seinen Anfang nahm. Das Dresdner Klärwerk ist übrigens ein sehr nachhaltiges: Aus den Hinterlassenschaften der Bevölkerung wird hier umweltfreundliches Biogas gewonnen, das den Energiebedarf des Klärwerks direkt wieder deckt. Daneben werden auf dem Gelände auch noch Wasser- und Solarenergie erzeugt.

Und um dem Umweltschutzgedanken die Krone aufzusetzen, beherbergt der Dresdner Klärpark auch noch eine Wildvogelauffangstation. Seit 2007 werden hier kranke und verletzte Vögel, aber auch Eichhörnchen und Igel aufgepäppelt. Die Zwei- und Vierbeiner sind natürlich das Highlight für die vielen Kindergartengruppen und Schulklassen, die regelmäßig das Dresdner Klärwerk besuchen – aber auch viele Erwachsene finden sich zu den kostenlosen Führungen ein. Tipp: Keine Flipflops tragen!

Adresse Scharfenberger Straße 152, 01139 Dresden-Kaditz | **ÖPNV** Bus 70, 80, Haltestelle Overbeckstraße | **Öffnungszeiten** Besichtigungen und Führungen von Frühjahr bis Herbst einmal im Monat samstags oder individuell ab 10 Personen, Vereinbarung mit Sebastian Perkams unter Tel. 0351/8222020 oder per E-Mail an sebastian.perkams@se-dresden.de | **Tipp** Neben der Wildvogelauffangstation bietet das Klärwerk noch viel mehr Natur: Ringsherum wurden Biotope mit geschützten Pflanzenarten und eine kleine Seenlandschaft angelegt, sogar echte Kunstwerke schmücken das Gelände.

51 Der Klettergarten an der Begerburg

Klettern unter der Autobahnbrücke

Die Dresdner klettern gern, mangels stadtnaher Berge meist in Kletterhallen. Eine Ausnahme ist der ehemalige Steinbruch am Plauenschen Grund im Süden der Stadt. Im Schatten einer Autobahnbrücke findet sich hier ein Klettergarten mit Klettersteigen nach alpinem Vorbild.

Hoch über dem tief eingeschnittenen Flusstal der Weißeritz thront auf einem Felsvorsprung die Begerburg, ein zigmal zerstörtes und wieder aufgebautes Haus im neogotischen Stil, das allein in den letzten 100 Jahren unter anderem als Gasthaus, FDJ-Heim und Stadtbücherei diente. Inzwischen ist die Villa ein privates Wohnhaus und Blickfang für alle, die unten auf der Tharandter Straße oder oben auf der A17 vorbeifahren. Wer länger hinschaut, dem fallen die Kletterpfade an der fast senkrechten Felswand des ehemaligen Steinbruchs unterhalb der Begerburg auf. Mitunter erkennt man auch Menschen, die sich wie Eidechsen über den Syenodiorit tasten.

Die ersten Kletterpfade wurden hier schon 1944 von Gebirgsjägern des Sächsischen Bergsteigerbundes angelegt. An die 20 Kletterwege und 5 Klettersteige führen über den Fels, an dessen Fuß eine Wiese mit Bänken zum Zuschauen einlädt. An der Südseite des Klettergartens errichtete Thomas Löwinger, ehemaliger Sportkletterer und Besitzer des Geländes, 2004 eine Sensation: Die 50 Meter hohe und 45 Meter lange »Sachsenstiege« der Kategorie KS 6 galt als Deutschlands schwierigster Klettersteig. Sie erinnert an die drei Sachsen, die 1934 erstmals die Eiger-Nordwand bezwingen wollten. Das war den Behörden denn doch zu gefährlich, die Route musste abgebaut werden. Heute ist das Gelände umzäunt, geklettert wird zu festen Terminen und nur mit Helm und Sicherung. Spaß macht es trotzdem, und wer die Begerburg von unten erreicht hat, der kann sehr stolz auf sich sein.

Adresse Tharandter Straße, circa 700 Meter nach dem Ingrid-Tunnel, 01187 Dresden-Plauen | ÖPNV Bus 160 ab Altplauen, Haltestelle Dresden Felsenkeller | Öffnungszeiten jeden Fr und letzten Sa im Monat ab 12 Uhr | Tipp Deutlich mehr Mut braucht man, um auf der gegenüberliegenden Seite des Plauenschen Grundes durch das Felsenkeller-Areal zu »Eiswurms Lager« zu laufen: Hier versteckt sich ein echter Drache!

52 Die Kneipp-Quelle

Kalte Füße für ein langes Leben

Neben dem großen Badeteich des Naturbads Mockritz warten zwei Kneipp-Durchschreitebecken mit eiskaltem Wasser auf mutige Badegäste. Das Kneippen hat in Dresden Tradition: 1895 wurde hier direkt am Tag nach einem Vortrag von Pfarrer Kneipp der erste Kneipp-Verein gegründet. Heute gibt es sogar eine Kneipp-Kita.

Der Dorfkern von Mockritz, dessen slawischer Name so viel wie »feucht« bedeutet, existierte schon im 7. Jahrhundert. Noch älter sind die Tonscherben, die Archäologen hier fanden. Sie gehören zu den ältesten Kulturen der Jungsteinzeit, der Bandkeramischen Kultur. Deutlich jünger ist die Idee, dass eiskaltes Wasser den Körper gesund halten soll, wobei das Thema Eis in Mockritz interessanterweise schon länger aktuell war: Der Münzteich in der Mitte des Dorfes diente bis in die 1920er Jahre als Eislieferant für die Stadt.

Der Name dieses Gewässers zeigt seine ursprüngliche Funktion an. Er wurde 1621 für die städtische Münzstätte angelegt, die sich – Überraschung – in der Münzgasse befand. 1925 wurde der Münzteich dann zum »Familienbad Dresden-Mockritz« umgewidmet, damals noch mit Fünf-Meter-Sprungturm, Turngeräten und »heilkräftigem Wasser«, das gegen Rheuma helfen sollte.

Die zwölf Grad Celsius kalte Quelle des Tiefen Börners ist immer noch da. Allerdings weiß man heute, dass es nicht die besonderen Mineralien oder gar die Radioaktivität im Wasser sind, die Badegäste gesunden lassen – es ist die Kälte selbst. Die Wasserfläche des Naturbads Mockritz ist seit seiner Sanierung deutlich geschrumpft, der Gesundheitsfokus blieb dabei allerdings erhalten. Aus einer Kneipp-Schwimmstrecke wurden zwei Kneipp-Durchschreitebecken. Diese werden rege genutzt; mit dem guten Gewissen, einer 200-jährigen Tradition zu folgen, die seit 2016 von der UNESCO als Immaterielles Weltkulturerbe anerkannt ist. Zwar ist Dresden kein Kneippkurort, aber das Wassertreten hilft bestimmt trotzdem.

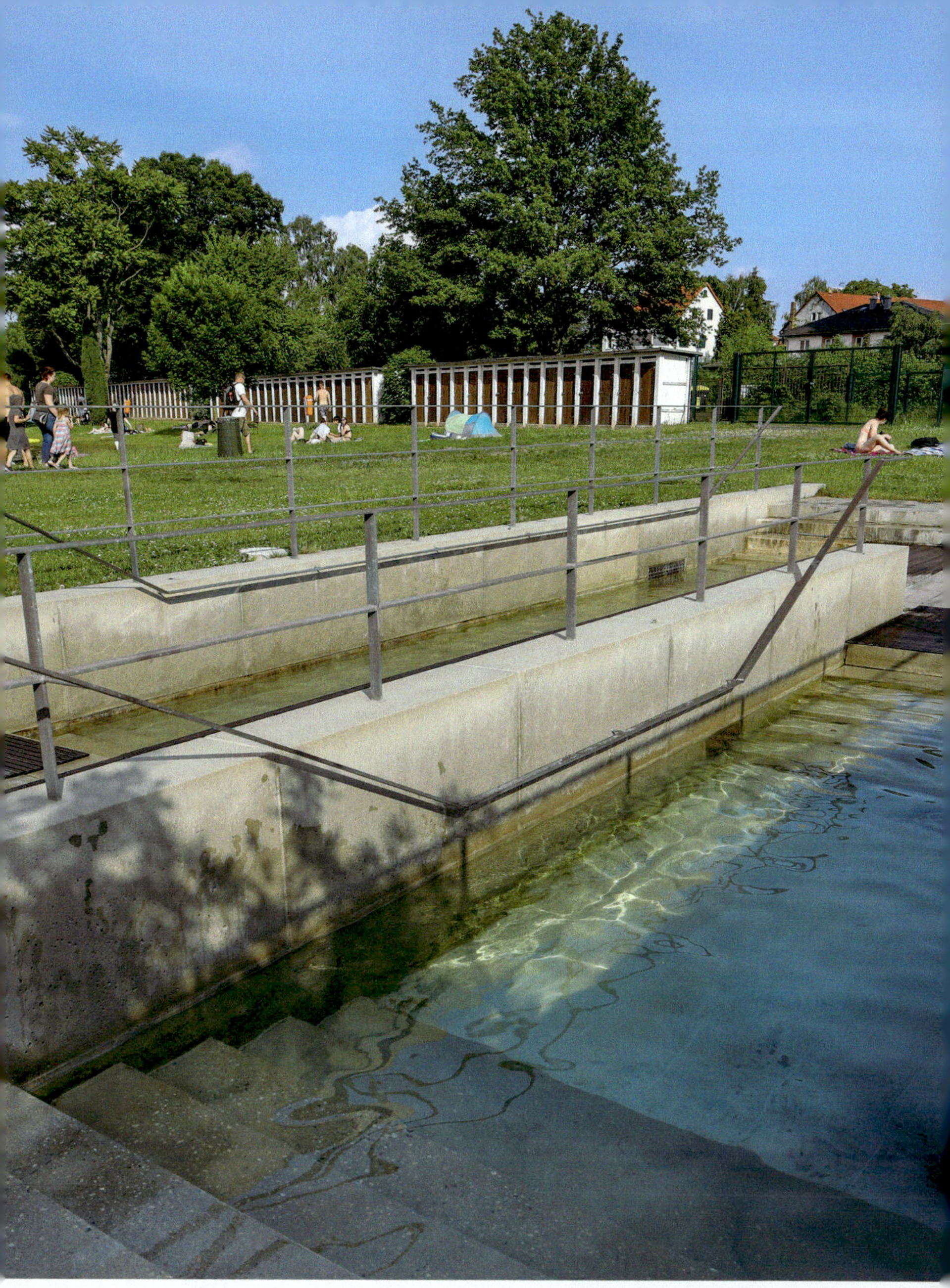

Adresse Münzteichweg 22b, 01217 Dresden-Mockritz | ÖPNV Bus 63, 66, Haltestelle Münzteichweg | Öffnungszeiten Ende Mai – Anfang Sept. täglich 10 – 19 Uhr | Tipp Der Kaitzbach speist das Naturbad heute nicht mehr, sondern unterquert es in einem Tunnel. Nach Westen kann man seinem Verlauf durch das renaturierte Kaitzbachtal und den Kaitzgrund folgen, wo mehrere »Musensteine« einen Wasser-Kunst-Weg markieren.

53 Das Kombinat für Fleischkuchen

Burger für Lokalpatrioten

Mit guten Burgern allein lässt sich noch kein erfolgreiches Business machen. Die Profi-Köche, die sich im »Kombinat für Fleischkuchen« zusammengeschlossen haben, kennen sich aus. Ihr kleines Lokal liegt fast direkt gegenüber einer »Burger King«-Filiale und ist dennoch immer gut besucht.

Die Eröffnung des Lokals fiel mitten in die Coronapandemie. Damit war das Projekt eigentlich zum Scheitern verurteilt, aber das Kombinat für Fleischkuchen hielt durch. Das Geheimnis des Erfolgs ist eine dicke Portion Lokalpatriotismus – die Betreiber kommen selbst aus Pieschen und lieben ihren Stadtteil, der gastronomisch eher von Fast-Food-Ketten dominiert wird.

Die Anwohnenden zeigen jeden Tag, dass sie gute Küche schätzen. Und inzwischen reisen die Burger-Fans sogar schon aus der hippen Äußeren Neustadt an. Ältere Pieschener Semester weisen gern (und stolz) darauf hin, dass sich genau hier am ehemaligen Straßenbahnhof Mickten früher die HO-Gaststätte »Express« befand. Mit DDR-Nostalgie hat das Kombinat für Fleischkuchen aber – abgesehen vom augenzwinkernden Namen – nichts am Hut. Die Burger sind groß und lecker, kreativ gestaltet und ein bisschen verrückt. Patties aus Fleisch werden auf der Karte ganz selbstverständlich neben pflanzlichen Exemplaren angeboten. Wer mehr Hunger hat, bestellt noch Pommes mit Mango-Dip dazu oder die Mexican Junkie Bowl. Die Wände des Kombinats schmückt coole Street-Art von Künstlern aus dem Kiez, und im Fanshop kann man gleich noch ein »Pieschen City«-Shirt mitnehmen.

Sitzt man an einem Sommerabend im rauschenden Feierabendverkehr vor dem »Kombinat« und beißt genussvoll in seinen Burger, dann weiß man, dass man am richtigen Ort ist – in »Pieschen City«, einem Viertel, auf das man ruhig auch mal stolz sein kann!

Adresse Leipziger Straße 156, 01127 Dresden-Pieschen | **ÖPNV** Straßenbahn 4, 9, 13, Haltestelle Mickten | **Öffnungszeiten** Di – Fr 11 – 20 Uhr, Sa, So 9 – 20 Uhr | **Tipp** Die spannenden Kaffeekreationen wie der Bananenkaffee oder der »Mickten Martin« sind das Werk von Maik Niepraschk, der in Lokalunion mit dem Burgerladen das »Mahlgrad 156« betreibt, das 2022 zum zweitbesten Café Dresdens gekürt wurde.

54 Das Kraftwerk Mitte

Viel Energie für Kultur

Dresdens Innenstadt ist vor allem als beschaulich-barock bekannt. Dabei liegt in der eigentlichen »Mitte« der Stadt, nämlich am Bahnhof Mitte, ein sehr modernes Areal. Es strotzt buchstäblich von Energie: Aus dem städtischen Heizkraftwerk ist eine Oase der Kultur geworden.

Über 150 Jahre lang wurde neben dem Bahnhof Mitte Energie erzeugt. Ab 1838 versorgte das Gaswerk die Stadt mit Gas, ab 1895 wurde mit Braunkohle elektrische Energie erzeugt, die unter anderem den Strom für die Dresdner Beleuchtung und die Straßenbahnen lieferte. Aus dem Gaswerk wurde das »Licht-Werk« und schließlich das »West-Kraftwerk«.

Architekturfans kommen auf dem Gelände des Kraftwerks Mitte voll auf ihre Kosten, denn die dazugehörigen Verwaltungsgebäude, Wohnhäuser und Fabrikhallen wurden im Laufe der Jahre in einem bunten Stilmix nebeneinandergesetzt. Deshalb ist auf dem Areal zwischen Könneritzstraße und Wettiner Platz vom Historismus bis zur Neuen Sachlichkeit alles zu finden.

Nach der Wende wurde das Kraftwerk erst stillgelegt und dann vergessen. Zum Glück besann man sich und baute den riesigen Komplex komplett um – worauf er ein neues und sehr aufregendes Leben beginnen konnte. Wo früher Dampf zischte und Kohle staubte, sind heute Theater- und Operettenaufführungen zu sehen, laufen Arthouse-Filme und musizieren Kinder. Älteres und ganz junges Publikum sitzt in der Cafeteria in der ehemaligen Maschinenhalle nebeneinander, aus der Heizzentrale wurde ein Co-Working-Space, und im alten Bahnstromwerk pumpen nachts die Bässe des Clubs »Stromwerk«. Eine Trickfilmschule, die Universitätsbrauerei »Lohrmanns Brew« und die Puppentheatersammlung Dresden sind ebenfalls eingezogen. Die alte Nutzung ist nicht vergessen: Im Energiemuseum zeigt der kommunale Energieversorger Drewag Exponate aus 99 Jahren Energieversorgung.

Adresse Kraftwerk Mitte 1–32, 01067 Dresden-Altstadt | ÖPNV Straßenbahn 1, 2, 6, 10 sowie S1, S2, S8, Haltestelle Bahnhof Mitte; Bus 62, 68, Haltestelle Schweriner Straße | Öffnungszeiten Gelände des Kraftwerks jederzeit zugänglich, einzelne Häuser mit unterschiedlichen Öffnungszeiten | Tipp Noch etwas essen, bevor man ins Kraftwerk Mitte geht? Bloß nicht! Das Bistro »T1« und die Restaurants »Neue Sachlichkeit« und »Kulturwirtschaft« bieten nicht nur gutes Essen und hervorragende Drinks, sondern auch spannende Locations. In der Cafeteria des »theater junge generation« sind Menschen mit geistiger Behinderung beschäftigt, die einen super Job machen.

55 Der Kunstautomat

'ne Schachtel Kunst ziehen

Vorbei sind die Zeiten, als in der Stadt an jeder Ecke ein Zigarettenautomat hing. Geraucht wird immer weniger, Zigaretten werden immer teurer, und selbst Raucher sind heute der Meinung, dass man im öffentlichen Raum nicht mehr so einfach Nikotin-Nachschub bekommen sollte. Eine Künstlerinitiative hat die an sich gute Idee der Automaten-Verfügbarkeit aufgegriffen und kreativ umgedeutet: An den Automaten, die sie aufstellt, kann man im Vorbeigehen mal eben eine Portion Kunst ziehen.

Der Kunstautomat sieht genauso aus wie ein handelsüblicher Zigarettenautomat – tatsächlich war er früher mal einer. Nun dient er einem höheren Zweck und wird mit gesünderen Inhalten gefüllt. In den Schächten, in denen früher Zigarettenschachteln gestapelt waren, warten nun kleine Boxen mit »Kunst zum Mitnehmen« darauf, dass jemand Geld einwirft. Die Initiative der »Kunstautomaten« gibt es schon seit 20 Jahren. Ihre Begründer sind stolz auf ihr bisher erreichtes Ergebnis: In Deutschland und in fünf Nachbarländern versorgen sie Menschen an über 250 Automaten mit »Kunst to go«.

Das erklärte Ziel des Gründers Lars Kaiser, Besitzer einer Künstleragentur aus Potsdam, ist schlicht, aber revolutionär: Menschen ohne den vermittelnden Umweg über Galerien oder Museen in Kontakt mit Kunst zu bringen und sie ständig verfügbar zu machen, ohne Öffnungszeiten oder Zeitfenstertickets.

Für die Bestückung und ständigen kreativen Nachschub sorgen mehr als 450 Kunstschaffende, die sich immer neue Inhalte für die kleinen Schachteln ausdenken. Neben dem Kunstwerk findet man immer auch Informationen zum Künstler – wer die »Geschmacksrichtung« mag, kann gern mehr davon bekommen. In Dresden stehen inzwischen schon vier Kunstautomaten: Nicht nur in der ohnehin kunstaffinen Neustadt und in Pieschen, sondern auch in Reick und Trachau kann man sich auf Knopfdruck inspirieren lassen.

Adresse Sebnitzer Straße/Ecke Görlitzer Straße, am Eingang zu »Lollis Homestay«, 01099 Dresden-Neustadt | ÖPNV Straßenbahn 13, Haltestelle Alaunplatz | Tipp Noch mehr käufliche Kunst findet man ein paar Meter die Görlitzer Straße runter – in den wunderschön ausgebauten Kunsthofpassagen zwischen dieser und der parallel verlaufenden Alaunstraße freuen sich viele kleine Boutiquen und Kunsthandwerksläden auf Besucher.

56 Die Kunsthandwerker-Passagen

Von Blaudruck bis Zinngießen

Dass Dresdens Szeneviertel, die Äußere Neustadt, eines der größten zusammenhängenden Gründerzeitviertel Europas ist, kann man in jedem Reiseführer nachlesen. Nur einen Steinwurf entfernt steht das größte barocke Bürgerhausensemble, das wiederum die größten Kunsthandwerker-Passagen Deutschlands beherbergt – in welchem Reiseführer steht das?

Die autofreie Hauptstraße zwischen Albertplatz und Neustädter Markt lädt zum Bummeln ein – riesige Platanen sorgen im Sommer für Schatten, zahlreiche Bänke entlang sorgsam bepflanzter Blumenbeete warten mit Ruheinseln auf, um den Publikumsverkehr zu beobachten. Das Wichtigste entgeht den Passanten allerdings: Zwischen den breiten Schaufenstern von Bäckereien, Optikern und Schuhläden gibt es auch viele kleinere Geschäfte. Und hinter deren Eingängen erstreckt sich ein Labyrinth aus Passagen, das in die Zwischen- und Hinterhöfe führt.

Im ehemaligen Altendresden lebten schon immer viele Handwerker und Händler. Nach einem Großbrand 1685 wurde ihr Stadtviertel von August dem Starken im angesagten Barockstil neu erbaut. Bis heute bieten viele kleine Geschäfte, Galerien und Lokale reichlich zum Entdecken für jeden, der sich in die verwinkelten Gänge verirrt. Von Holzschnitzereien aus dem Erzgebirge über den Blaudruck, der als Weltkulturerbe anerkannt ist, bis hin zur Plauener Spitze finden sich allerhand Schauwerkstätten. Gelegenheit zum Sichten der Einkäufe offerieren Cafés in den idyllisch bewachsenen Innenhöfen. Eine Wohnung im Haus Nummer 13 beherbergt das kleine Romantikmuseum – hier lebte von 1808 bis zu seinem gewaltsamen Tod der Maler Gerhard von Kügelgen, der das Dresdner Kulturleben prägte. Ein ganz und gar unbarockes Kontrast-Kulturprogramm präsentiert das »Societätstheater«, das sich den Innenhof mit den Kunsthandwerkern teilt.

Adresse Hauptstraße 9–19, 01097 Dresden-Neustadt | ÖPNV Straßenbahn 4, 8, 9, Haltestelle Neustädter Markt; Straßenbahn 3, 6, 7, 8, 11, Haltestelle Albertplatz | Tipp Die bröckelnden Fassaden der mehrstöckigen Plattenbauten, die den Neustädter Markt mit dem Goldenen Reiter umrahmen, stoßen vielen Besuchern als hässlicher Gegenpol auf. Auch sie stehen jedoch unter Denkmalschutz.

57_Das Lapidarium

In der Zionskirche ruhen die Steine

Was passiert wohl mit all den Denkmalen und Schmucksteinen, die beim Abriss oder dem Verfall historischer Gebäude heimatlos werden? Wegwerfen ist keine Option. Im Lapidarium überdauern sie die Zeit und kommen mit etwas Glück wieder zum Einsatz, wenn historische Originale für Sanierungen benötigt werden, wie es etwa am Neumarkt geschah, wo das »alte« Dresden nach der Wende wiederauferstanden ist.

In Dresden hat das Lapidarium eine ganz besondere Heimat. Nach 1945 brauchte man viel Platz für die Lagerung alter Steine, denn es waren reichlich Trümmer zu beseitigen. Auch nach 1990, als viele sozialistische Skulpturen in Ungnade fielen, zogen zahlreiche von ihnen zunächst ins Lapidarium um. Nachdem man die ungewollten Steine erst in den Gewölben unter der Brühlschen Terrasse, dann im Großen Garten oder im Residenzschloss gelagert hatte, wurde 1995 die Ruine der Zionskirche zum dauerhaften Lapidarium erwählt. Damit hat die Kirche mit der spannenden Geschichte wieder einen vornehmen Zweck erfahren.

Errichtet wurde sie 1912 auf Wunsch des Industriellen Johann Hampel, der in seinem Testament verfügt hatte, binnen fünf Jahren nach seinem Tod eine evangelische Kirche zu bauen, in der er mit seiner Frau beerdigt werden wollte. Bei Nichtbefolgung dieses Wunsches wäre das gesamte Vermögen an die römisch-katholische Kirche gegangen. Die »Hampelkirche«, eine der modernsten Kirchen Deutschlands, brannte schon 1945 komplett ab. Das eingestürzte Dach des Rundbaus erhielt eine provisorische Abdeckung, die wie ein Deckel wirkt. Und wie eine Schatztruhe bewahrt das Lapidarium mehr als 7.000 Fragmente und Objekte aus Stein, Holz und Metall, die hier auf Wiederverwendung warten. Neugierige entdecken Spannendes aus vielen Jahrhunderten der Stadtgeschichte. Zwar ist das Lapidarium nur im Rahmen von Führungen und am Tag des offenen Denkmals geöffnet, aber das Warten lohnt sich.

Adresse Hohe Straße 26, 01187 Dresden-Südvorstadt | **ÖPNV** Bus 61, 62, 63, Haltestelle Chemnitzer Straße | **Öffnungszeiten** kostenlose Besichtigungen werktags 10–15 Uhr nach Anmeldung unter Tel. 0351/4767819 oder Tel. 0351/4888936 | **Tipp** Nur die Glocken der Zionskirche haben die Bombardierung überstanden. Sie hängen heute in der nahe gelegenen Auferstehungskirche im Stadtteil Plauen und erinnern mit jedem Läuten an das kurze Dasein des Gotteshauses.

58 Die Laubegaster Werft

Wo die Elbdampfer herkommen

Eine Werft erwartet man gemeinhin an der Küste, in Rostock oder Warnemünde – aber doch nicht an der Elbe, mitten im Stadtgebiet von Dresden, das 300 Kilometer vom Meer entfernt ist! Tatsächlich gibt es hier aber eine solche, und diese Werft hat eine jahrhundertelange Tradition.

Seit 1895 werden in der Laubegaster Werft Schiffe gebaut und laufen hier vom Stapel. Die meisten Dampfschiffe der Weißen Flotte haben hier ihre Geburtsstätte. Von den weiß leuchtenden Schmuckstücken sind heute noch sieben im Einsatz, die »Stadt Wehlen« als ältestes Flottenmitglied bringt seit 1879 Ausflugsgäste von Meißen in die Dresdner Altstadt und weiter bis in die Sächsische Schweiz, wenn es der Wasserstand der Elbe erlaubt.

Laubegast ist der letzte von vier Werft-Standorten, an denen in Dresden seit Beginn der Industrialisierung Raddampfer und Motorfähren gebaut wurden. Von ehemals über 100 Werftarbeitern sind heute noch zwei übrig, die sich um alle Reparaturen kümmern. Nachdem die Werft die Demontagen nach dem Zweiten Weltkrieg und die Privatisierung durch die Treuhand überstanden hatte, brach ihr ein Großauftrag den wirtschaftlichen Rücken, 2013 musste der Betrieb eingestellt werden. Ähnlich erging es der Weißen Flotte.

Seit 2019 gibt es wieder Hoffnung: Zwei Immobilienunternehmer haben die Anlage übernommen und wollen Millionen investieren, um die Laubegaster Werft zu neuer Bekanntheit zu führen. Heute werden die historischen Fabrikhallen für Events vermietet, und in den alten Gebäuden haben sich Firmen und Handwerksbetriebe angesiedelt. Bei den Werftfesten im Sommer kann man die auf Kiel gelegten Schiffe der Weißen Flotte, die nach wie vor regelmäßig hier repariert werden, aus der Nähe bestaunen. Auch wenn sie seit 2020 in der Hand eines Schweizer Konzerns sind, sollen sie noch möglichst lange auf der Elbe von und nach Dresden fahren.

Adresse Österreicher Straße 95, 01279 Dresden-Laubegast | ÖPNV Bus 86, Haltestelle Schiffswerft Laubegast | Öffnungszeiten Mo–Fr 9–17.30 Uhr | Tipp Der Elberadweg führt linkselbisch direkt an der Werft vorbei. Im Biergarten »Feuchte Kurve« kann man einen Blick auf das Gelände und die kielgelegten Schiffe erhaschen.

59 Der Leuchtturm

Kurfürstliche Kriegsspiele in Moritzburg

Wozu sollte man in Sachsen einen Leuchtturm benötigen – es gibt doch hier weit und breit keine Meeresküste, wo man Schiffe vor Untiefen warnen müsste! Kurfürst Friedrich August III. brauchte einen, und zwar ganz dringend, nachdem er von der Schlacht um die Dardanellen gehört hatte.

1770 hatte das russische Heer in der Meerenge am Bosporus die Osmanen vernichtend geschlagen. Der sächsische Kurfürst war beeindruckt, als ihm ein russischer Gast von den heldenhaften Kriegstaten erzählte, und kam sofort auf die grandiose Idee, diese Schlacht auf seinen Sommerfesten nachzustellen – samt Kriegsfregatten, Hafenanlagen und einer künstlichen Insel, die man mit Feuerwerks-Untermalung erobern konnte.

Des Kurfürsten Wunsch war natürlich Befehl. In Windeseile wurden rund um das Jagdschloss Moritzburg mehrere Kanäle gezogen, zwei Fischteiche zum heutigen Moritzburger Großteich vergrößert und eben auch ein Leuchtturm errichtet. Die Bewohner der umliegenden Gehöfte erhielten die Weisung, bei den abendlichen Festen als Statisten zur Verfügung zu stehen.

Friedrich Augusts Oberhofmeister Marcolini ließ es an nichts fehlen, um den Damen und Herren des sächsischen Hofes ein wahrhaft fürstliches Vergnügen zu bereiten. Er wurde dafür im Gegenzug ebenso fürstlich belohnt – mehrere herrschaftliche Villen mit seinem Namen stehen heute noch in Dresden, in Moritzburg ließ er sich ein Haus neben dem Fasanenschlösschen errichten, von dem er einen Eins-A-Blick auf den von ihm erdachten Leuchtturm genoss. Das 21 Meter hohe Bauwerk ist der einzige Folly-Leuchtturm in Deutschland, er wurde tatsächlich nur als Staffage für nachgestellte Seeschlachten gebaut, nicht einmal seine rot leuchtenden Backsteinmauern sind echt. Immerhin: Das Leuchtfeuer in der Turmspitze funktioniert, auch wenn die nächsten Ostseeschiffe mehr als 400 Kilometer entfernt sind und im flachen Fischteich sofort auf Grund laufen würden.

Adresse Fasanerie 3, 01468 Moritzburg | **ÖPNV** Bus 477 ab Bahnhof Neustadt, Haltestelle Moritzburg Fasanerie, von dort circa 1 Kilometer zu Fuß; oder Lößnitzgrundbahn ab Radebeul Ost, Haltestelle Bahnhof Moritzburg, von dort circa 3 Kilometer auf dem Königsweg entlang des Dardanellen-Kanals | **Tipp** Auf den Spuren vergangener Kriegsspiele wandert man heute rund um Moritzburg auf dem »Königsweg«, der vom Bahnhof der historischen Lößnitzgrund-Dampflok zum Jagdschloss Moritzburg führt.

60_Der Löwe

Zurück in die 80er

In ihren späten Jahren wollte die DDR in Dresden noch einmal zeigen, was sie konnte: Wo modernste Mikrochips produziert wurden, da sollte auch die Architektur etwas hermachen. Das Ergebnis kann man heute noch bewundern, und zwar am nördlichen Ende der Hauptstraße.

Damals noch »Straße der Befreiung« genannt, wurde die Hauptstraße erst zum Ende der 1980er Jahre auf Beschluss des XI. Parteitags als Einkaufsmeile ein ganzes Stück verlängert. Die beiden Eckhäuser vor dem großen Freiplatz zierte jeweils eine mutige Wintergarten-Konstruktion aus Glas und Metall – die gegenüberliegenden Restaurants »Der Löwe« und »Am Thor« sahen bewusst fast wie Zwillinge aus.

Während Letzteres seinen Namen vom Schwarzen Tor hat, das bis 1811 hier das nördliche Ende Dresdens markierte, ist der »Löwe« wohl ein Verweis auf das Dresdner Wappentier, das Herrschaftssymbol der Wettiner Fürsten – und damit ein erstaunliches Zugeständnis der sozialistischen Stadtoberen an die geschichtlichen Ursprünge der Hauptstraße, die auf den Wettiner August den Starken zurückgehen. »Der Löwe« erwarb sich umgehend stadtweite Bekanntheit als Tagesbar und bald auch als DDR-weit einziger Hotdog-Stand. Ja, es gab nicht nur Broiler und Letscho im Sozialismus!

Nach längerer Schließung fand »Der Löwe« Ende 2022 einen überraschenden neuen Besitzer. Der hat, keine Sorge, drinnen fast alles beim Alten belassen. Das schreibt ihm schon der Denkmalschutz vor – die Kunstmarmorwände, der Tresen und die altmodischen Tische, die im Gastraum und im Wintergarten stehen, sind also alles Originale aus den 1980ern. Auch die Speisekarte wirkt vertraut: Vom Bauernfrühstück bis zum Würzfleisch verbreiten die rustikalen Gerichte bewusst einen Touch DDR. Selbst die Hotdogs sind zurückgekommen und werden wieder aus dem Seitenfenster heraus verkauft – die Preise sind allerdings alles andere als Ostniveau.

Adresse Hauptstraße 46, 01097 Dresden-Neustadt | ÖPNV Straßenbahn 3, 6, 7, 8, 11, Haltestelle Albertplatz | Öffnungszeiten täglich 8 – 22 Uhr, Reservierungen unter Tel. 0351/8041138 | Tipp Am anderen Ende der Hauptstraße, direkt neben dem Eisdielen-Eingang des »Café Venezia«, findet man die Stadtwappen mehrerer Kreisstädte im damaligen Bezirk Dresden. Sie zeigen die Herkunft der Handwerker an, die den nördlichen Teil der Hauptstraße erbaut haben.

61 Die Lukaskirche

Himmlische Klänge

Unter den wenigen Gotteshäusern, die in Dresden den Zweiten Weltkrieg überstanden, nimmt die Lukaskirche eine besondere Rolle ein. Sie ist zwar bis heute deutlich »versehrt«, was sich wohl auch in Zukunft nicht mehr ändern wird. Dafür hat sie eine zweite Funktion hinzugewonnen, die sie deutschlandweit fast einzigartig macht: Die Lukaskirche im Dresdner Süden dient heute als Tonstudio für Konzertaufnahmen.

Dass die Lukaskirche in der Bombennacht vom 13. Februar 1945 fast vollständig in Schutt und Asche gelegt wurde, unterscheidet sie nicht von vielen anderen Kirchen in Dresden. In ihrem Fall war die Zerstörung besonders traurig, da sie erst 40 Jahre zuvor erbaut worden war.

Ein ganz besonderes Gotteshaus hatte die Kirchengemeinde erschaffen wollen. Damit sich ihr Gotteshaus von der Umgebung abhob, hatte man einen sechs Meter hohen künstlichen Hügel aufgeschüttet. Das Jugendstil-Deckengewölbe war wunderschön bemalt, der 83 Meter hohe Neorenaissance-Hauptturm ragte weit über Dresden auf.

Das alles verschwand in einer einzigen Nacht. Erst 1963 begann man mit dem Wiederaufbau, inzwischen war die Gemeinde stark geschrumpft. Das Ersatzgebäude wurde nie richtig fertig. Seit 1972 steht die Lukaskirche ohne Turmspitze da, der Hauptturm ist nur noch halb so hoch und mit einem Not-Deckel verschlossen. Dennoch fand sie eine neue Bestimmung: Wegen ihrer ruhigen Lage wurde sie gezielt zum Tonstudio umgebaut. Weltberühmte Dirigenten, Musiker und Orchester gehen seit den 1950er Jahren in der Lukaskirche ein und aus, fast jedes Werk der Musikliteratur wurde hier bereits gespielt. Die Zusammenarbeit mit dem VEB Deutsche Schallplatten finanzierte den Wiederaufbau und prägte den Beinamen der »Radiokirche«. In jeder Klassik-Schallplattensammlung dürften sich Aufnahmen aus dem Studio Lukaskirche finden, außerdem werden regelmäßig Klassik-, Rock- und Popkonzerte organisiert.

Adresse Lukasplatz 1, 01069 Dresden-Südvorstadt | ÖPNV Bus 61, 63, Haltestelle Fritz-Förster-Platz; Straßenbahn 3, 8, Haltestelle Fritz-Löffler-Straße | Tipp Neben der »Kirche ohne Turm« gab es in Dresden bis Ende der 1980er Jahre auch einen »Turm ohne Kirche«: Die Dreikönigskirche in der Inneren Neustadt stand nach 1945 lange ohne Gebäude da, nur der Turm hatte die Bomben überstanden.

62 Die Marienbrücke

Traumblick im Stau

Wenn schon Feierabendstau, dann bitte auf der Marienbrücke – am liebsten stadtauswärts, wenn der Blick aus dem Fenster direkt auf die barocke Kulisse aus Kreuz-, Hof- und Frauenkirche fällt. Abends ist das Ensemble stimmungsvoll erleuchtet, und mit etwas Glück erwischt man die Überfahrt passend zum Sonnenuntergang. Auch Bahnfahrende freuen sich, denn alle Fernzüge, die durch Dresden brausen, nutzen eine parallele eigene Brücke mit ebenso schönem Panoramablick – nur in aller Regel ohne Stau, daher heißt es: schnell sein für einen Schnappschuss aus dem Zugfenster. Wer auf der anderen Seite sitzt, muss nicht traurig sein, hier glitzern oft Zirkuszelte und Riesenräder, und im Hintergrund liegen die Elbhänge mit den Radebeuler Weinbergen.

Die massige Bogenbrücke aus riesigen geschwärzten Sandsteinblöcken überspannt die Elbe schon seit dem Jahr 1852. Die Verbindung zwischen Dresdner Neustadt und Friedrichstadt bietet einen phantastischen Blick auf die historische Skyline, und auch die Sicht auf die gläserne Kuppel und das schlanke Minarett der ehemaligen Zigarettenfabrik Yenidze ist einzigartig.

Mit ihrem stolzen Alter von 170 Jahren ist die Marienbrücke, die nach Königin Maria Anna von Sachsen, der Frau von Friedrich August II., benannt wurde, die offiziell älteste Elbbrücke Dresdens. Damit sie an der vorgesehenen Stelle Züge über die Elbe bringen konnte, musste der Flusslauf der Weißeritz komplett verlegt werden. Das rächte sich bei der Jahrhundertflut 2002 bitter, als die Weißeritz ihr altes Flussbett wieder in Anspruch nahm und mitten durch den Hauptbahnhof floss.

Die originale Marienbrücke existiert allerdings gar nicht mehr. Nach 100 Jahren und zwei Weltkriegen war die Konstruktion so brüchig geworden, dass sie Anfang der 2000er Jahre Stein für Stein ersetzt wurde. So kann sie hoffentlich weitere 170 Jahre stehen bleiben.

Adresse zwischen Antonstraße, 01067 Dresden-Friedrichstadt, und Könneritzstraße, 01097 Innere Neustadt | ÖPNV Straßenbahn 4, 6, 10, 11, Haltestelle Kongresszentrum oder Anton-/Leipziger Straße; Überfahrt mit fast allen Fernzügen, Regionalzügen und S-Bahnen zwischen Hauptbahnhof/Bahnhof Mitte/Bahnhof Neustadt | Tipp Ein ungewöhnlicher Blick auf die doppelte Marienbrücke bietet sich vom Biergarten auf dem Dach der Yenidze, die am Südende der Brücke aufragt.

63 Die Martin-Luther-Kirche

Neustadtblick aus Falkensicht

Seit 1887 ragt der schlanke Glockenturm der Martin-Luther-Kirche über der Äußeren Neustadt auf. Die 81 Meter hohe Spitze aus schwarzem Sandstein ist ein guter Orientierungspunkt, wenn man sich im Gewirr der Neustädter Gassen verlaufen hat – und vom allmorgendlichen Läuten werden Nachtschwärmer und Familien im ganzen Viertel gleichermaßen pünktlich geweckt. Nachdem die Dreikönigskirche in der Inneren Neustadt im Zweiten Weltkrieg zerstört worden war, bot die Martin-Luther-Kirche der Neustädter Gemeinde eine Übergangsheimat. Die beiden fast gleich hohen Kirchtürme sind heute die Wahrzeichen der Neustadt-Silhouette und bilden eine Art Klammer von der Inneren zur Äußeren Neustadt.

Der Kirchturm der Martin-Luther-Kirche hat neuerdings noch einen anderen Zweck, was eine als Kunstwerk getarnte Beobachtungsstation auf dem Kirchenvorplatz verrät: Durch das Rohr kann man aus zwei Höhen auf den Wohnraum einer Turmfalkenfamilie schauen. Die seltenen Vögel zogen einige Jahre nach der Wende hier ein, als ihr Lebens- und Jagdraum aus unsanierten Häusern und verfallenen Hinterhöfen zunehmend schrumpfte – unter der Gentrifizierung des Szeneviertels leiden nicht nur seine menschlichen Einwohner. In ganz Dresden haben die Turmfalken nur noch 120 Artgenossen. Wer an einem Freitagabend im Sommer vorbeikommt, kann einen Blick direkt ins Falkennest werfen. Nur dann ist der Kirchturm für Besucher geöffnet. Aber Achtung, für die 224 Stufen auf der engen Wendeltreppe braucht man Puste! An Höhenangst sollte man auch nicht leiden, wenn man die letzten Meter auf einem Stahlgerüst überwinden möchte, dessen Verstrebungen nach unten offen sind. Bei guter Sicht blickt man aus 41 Metern Höhe weit über die Elbe, bis in die Sächsische Schweiz und nach Meißen. Die Turmfalken stören sich weder an den Besuchern noch am Glockenspiel, das dreimal täglich in aller Ausführlichkeit erklingt.

Adresse Martin-Luther-Platz 5, 01099 Dresden | ÖPNV Straßenbahn 11, Haltestelle Pulsnitzer Straße; Straßenbahn 13, Haltestelle Görlitzer Straße/Nordbad | Öffnungszeiten Mai – Okt. Di – Fr 13 – 17 Uhr und zu allen Gottesdiensten, Turmcafé Juni – Aug. Fr 20 – 23.30 Uhr | Tipp Auf dem Rondell vor dem Kirchenportal steht ein Kugelbrunnen, der im Sommer von Kindern belagert wird. Sobald hier Wasser fließt, schwimmt die tonnenschwere Granitkugel scheinbar schwerelos und lässt sich drehen.

64 Der Mathematisch-Physikalische Salon

Schatzkammer des Wissens

Was kann man in den vielen Museen Dresdens nicht alles bestaunen! Neben weltberühmten Gemälden wie der Sixtinischen Madonna, zeitgenössischen Kunstwerken im Albertinum und den Juwelen im Grünen Gewölbe bietet der Mathematisch-Physikalische Salon etwas ganz anderes: Technik aus einem Zeitalter, in dem es streng genommen noch gar keine Technik gab.

Wer hätte gedacht, dass die sächsischen Kurfürsten nicht nur an Gold und Geschmeide interessiert waren, sondern sich auch für raffinierte Automaten und Instrumente begeisterten? Schon im Jahr 1728 präsentierte August der Starke die ungewöhnliche Sammlung mit Stücken, die er in ganz Europa ankaufte, zunehmend aber daheim in Sachsen anfertigen ließ – so gründete er mittelbar nicht nur die Technische Universität Dresden, die heute eine Uni von Weltruhm ist, sondern legte auch den Grundstein für die sächsische Uhrmacherkunst. Uhren aus der Manufaktur in Glashütte, die in der Sammlung im Zwinger platziert wurden, gaben den Takt vor: Bald wurden alle Uhren im Kurfürstentum nach ihnen gestellt.

In den vier Bereichen des Salons, die sich über den gesamten Zwinger verteilen, sind sehr unterschiedliche Artefakte aus Technik und Wissenschaft zu sehen. Es gibt ein »Universum der Globen«, den »Lauf der Zeit« und ganz oben im Festsaal die »Instrumente der Aufklärung«, bei denen es sich um Fern- und Brenngläser handelt. Am interessantesten ist der »Kosmos des Fürsten«, der die mechanischen Wunderwerke demonstriert, die an den Fürstenhöfen des 16. Jahrhunderts für Aufsehen gesorgt haben müssen – allen voran die Planetenuhr, die bereits 1563 den Himmelslauf der sieben damals bekannten Planeten (inklusive Sonne und Mond) anzeigen und die nächste Sonnenfinsternis berechnen konnte. Das älteste Museum im Zwinger verlässt man um einiges klüger.

Adresse im Zwinger, Zugang über Theaterplatz, Sophienstraße oder Ostra-Allee durch das Kronentor, 01067 Dresden-Altstadt | ÖPNV Straßenbahn 4, 8, 9, Haltestelle Theaterplatz; Straßenbahn 1, 2, 4, 7, 8, 9, 11, 12, Bus 62, 68, Haltestelle Postplatz | Öffnungszeiten Di – So 10 – 18 Uhr | Tipp Ein Bummel durch den Innenhof des Zwingers ist Pflicht! Die wunderschöne barocke Anlage verlässt man am besten durch den Glockenspielpavillon an der südwestlichen Seite. Mit etwas Glück erklingt genau dann eine feine Melodie aus den kleinen Glocken aus Meißner Porzellan, die seit 1728 den Zwinger schmücken.

65 Die Mensa Brühl

Speisen mit der Avantgarde

Der historische Stadtkern Dresdens ist wunderschön, aber alles andere als günstig. Zwischen den vielen teuren (und wenigen guten) Restaurants rund um die Frauenkirche verbirgt sich ein echter Spartipp. Vielleicht sitzt man hier am Nachbartisch des nächsten Neo Rauch?

Von einer studentischen Mensa erwartet man im Allgemeinen nicht viel, außer günstig satt zu werden. Die kleine »Mensa Brühl« in der Dresdner Kunstakademie, direkt unter der berühmten Brühlschen Terrasse versteckt, bietet Studierenden deutlich mehr. Zwar ist hier für eine Mensa recht wenig Platz – es gibt nur 90 Stühle an den schlichten Tischen –, dafür ist die Lage im historischen Zentrum der Dresdner Altstadt unvergleichlich.

Noch wichtiger: Wer hier Kaffee trinkt oder vegane Maultaschen isst, könnte durchaus ein Kunststar von morgen sein. Die Dresdner Akademie hat schon viele renommierte Künstler gesehen und hervorgebracht – immerhin ist sie, gegründet im Jahr 1764, eine der ältesten Kunsthochschulen in Deutschland. Ihr zweiter Direktor war Giovanni Battista Casanova, der Bruder des berühmten Schwerenöters. Stars wie Caspar David Friedrich oder Canaletto hatten Professuren inne, Oskar Kokoschka und Otto Dix lehrten hier.

Auch für nicht immatrikulierte Hungrige stehen die Türen der Mensa Brühl offen. Den Eingang findet man über einen unscheinbaren Seiteneingang des prächtigen Lipsiusbaus; dessen weitere Räume sind Angehörigen der Hochschule vorbehalten. Von der Mensa gelangt man jedoch in den wunderschönen Innenhof mit Blick auf das Oktogon unter der gläsernen Kuppel der »Zitronenpresse«. Kaum zu glauben, dass dieses wunderschöne Bauwerk von Zeitgenossen als Ärgernis empfunden wurde, der Beiname war ursprünglich spöttisch gemeint. Kaum zu glauben auch, dass man hier, mitten im touristischen Zentrum Dresdens, für einen schmalen Taler richtig satt wird.

Adresse Brühlsche Terrasse 1, Zugang vom Ende der Münzgasse kurz vor dem Aufgang zur Brühlschen Terrasse, 01067 Dresden-Zentrum | ÖPNV Straßenbahn 4, 8, 9, Haltestelle Theaterplatz; Straßenbahn 3, 7, Haltestelle Rathenauplatz/Synagoge; Straßenbahn 1, 2, 4, Haltestelle Altmarkt | Öffnungszeiten Mo – Fr 10.30 – 15 Uhr, Speiseplan unter www.studentenwerk-dresden.de | Tipp Einmal im Jahr, zum Ende des Semesters, werden im Oktogon unter der Glaskuppel die Werke der Absolventen der Kunstakademie präsentiert. Ständig geöffnet ist die Kunsthalle im Lipsiusbau, wo zeitgenössische Kunst ausgestellt ist.

66 Das MiBERZ-Museum

Mittelalter auf dem Handy-Display

Das Erzgebirge erstreckt sich über die südliche Grenze Sachsens hinaus bis nach Tschechien und ist nicht nur berühmt für seine dichten Wälder, sondern vor allem für den Silberbergbau. Über Jahrhunderte wurde hier in zahlreichen Minen das Erz zutage gefördert, das Sachsens Fürsten reich machte. Das Städtchen Freiberg gilt heute als historisches und touristisches Zentrum des Silberbergbaus. Dass auch unter Dippoldiswalde bei Dresden 800 Jahre alte Stollen liegen, entdeckte man erst nach der Jahrhundertflut von 2002.

Sechs Jahre lang dokumentierte das Projekt »ArcheoMontan« die umfangreichen Ausgrabungen unter dem Stadtkern von Dippoldiswalde. Dabei brachte man einige echte Sensationsfunde ans Licht: 15 der untersuchten Schächte enthielten Artefakte in ausgezeichnetem Zustand, von hölzernen Leitern und Seilwinden bis zu Kleidungsstücken und Werkzeugen der Bergleute. Die Funde kann man heute im eigens dafür eingerichteten MiBERZ-Museum bewundern, hervorragend präsentiert in den Gewölben des Dippoldiswalder Schlosses.

Von einem gewichtigen Handicap haben sich die Museumskuratoren nicht beirren lassen: Im Unterschied zu Freiberg oder Annaberg kann in Dippoldiswalde kein einziger Stollen »in echt« betreten oder besichtigt werden. Da sich alle unter dem Stadtgebiet befinden, mussten sämtliche Eingänge nach den Ausgrabungen wieder zugeschüttet werden.

Die App »Medieval Mines« führt mittels Augmented Reality wie von Zauberhand am Ort des Geschehens durch die gewundenen Gänge eines Stollens unter der Glashütter Straße. Mit ausgestrecktem Arm läuft man hier über den Gehweg und sieht auf dem Display Bergleute im Fackelschein das Silbererz hämmern. Am Busbahnhof lässt ein eingescannter QR-Code eine virtuelle 3-D-Karte der Stollen entstehen, die hier jahrhundertelang unentdeckt unter dem Pflaster lagen. So wird uralte Geschichte mit moderner Technik lebendig und spannend.

Adresse Kirchplatz 8, 01744 Dippoldiswalde, www.miberz.de | **ÖPNV** Bus 360 ab Dresden Hauptbahnhof, Haltestelle Busbahnhof Dippoldiswalde (circa 35 Minuten), von dort etwa 5 Minuten zu Fuß | **Öffnungszeiten** Di – So 10 – 17 Uhr | **Tipp** Nach dem Museumsbesuch wartet hinter dem Gerberplatz ein Mehrgenerationenspielplatz – mit Fitnessgeräten und Tischtennisplatte für die Großen, Bänken für die Großeltern und reichlich Beschäftigung für Kids aller Altersgruppen.

67 Das Militärhistorische Museum

Krieg und Frieden

Schon von Weitem beeindruckt das Haus, das trutzig und breit vor den Bäumen der Dresdner Heide steht. Wie ein Blitz ragt ein Keil aus hellem Metall mehr als 30 Meter aus den sauber verputzten Mauern heraus. Mit Wucht scheint er die historische Fassade aufzureißen – eine passende Allegorie auf den Inhalt des Militärhistorischen Museums, das sich mit der Geschichte von Krieg und Frieden beschäftigt, aber auch ein Verweis auf seinen Standort in Dresden.

Für seine Neuinterpretation des altehrwürdigen Arsenalgebäudes in der Albertstadt, wo schon das Königlich-Sächsische Heer exerzierte und heute die Offiziersanwärter der Bundeswehr ausgebildet werden, erhielt Architekt Daniel Libeskind viel Lob. Kurz nach dem Wiederaufbau der Frauenkirche stellte er damit den Dresdnern provokante Fragen.

Der Wirkung kann sich kein Besucher entziehen. Weder direkt davorstehend noch im Inneren des Keils, durch dessen Lamellen man weit über das Dresdner Stadtgebiet schaut – bis ins Ostragehege, wo in der Nacht des 13. Februar die britischen Bomber ihre Fracht abzuladen begannen. Die Keilform erinnert auch an die Spur der Verwüstung, die sich nach dieser Nacht im Stadtgebiet abzeichnete. Dreht man sich von diesem Anblick weg, blickt man auf Gehwegplatten voller Einschusslöcher; sie stammen aus Wielun, das 1939 als erster Ort in Polen von den Deutschen angegriffen wurde. Schwarz und Weiß, Gut und Böse greifen ineinander, genau wie die Ausstellungsbereiche des Themenparcours, der Krieg und Gewalt aus verschiedensten Perspektiven betrachtet. Auf vier Etagen wird wesentlich mehr präsentiert als nur historische Artefakte, und für Fragen und Diskussionen stehen in den Räumen Ansprechpartner bereit. Selbst für Grundschulkinder gibt es ein altersgerechtes Besuchsprogramm samt Maskottchen »Flohrian«.

Adresse Olbrichtplatz 2, 01099 Dresden-Neustadt, www.mhmbw.de | ÖPNV Straßenbahn 7, 8, Bus 64, Haltestelle Stauffenbergallee | Öffnungszeiten Do – Di 10 – 18 Uhr, Mo bis 21 Uhr | Tipp Auch wenn das Museum Platz für riesige Exponate wie eine V2-Rakete bietet, stehen die richtig schweren Geräte draußen. Wer keine Zeit fürs Museum oder das Bedürfnis nach Frischluft hat, kann kostenfrei an den Seiten des Gebäudes echte Militärfahrzeuge bewundern.

68 Die Molenbrücke

Chillen mit Eleganz

Im »Pieschener Winkel« stehen historische Ballhäuser und abgewohnte Mietshäuser in trauter Nachbarschaft zusammen. Dazwischen wirkt das elegant geschwungene, 34 Meter hohe Metallgerüst der Molenbrücke fast wie ein außerirdisches Raumschiff. Es spuckt Radfahrer aus, die auf dem Elberadweg aus dem Stadtzentrum kommen.

Seit 2010 können die Dresdner die elegante Schrägseilbrücke benutzen und bewundern – nur Fußgänger und Radfahrer dürfen darauf den Pieschener Hafen, einen Altarm der Elbe, überqueren. Man erspart ihnen damit den Umweg entlang der mehrspurigen Leipziger Straße. Bewacht wird der luftige Übergang von einer metallenen Skulptur mit wildem Haar. Sie heißt »Undine kommt«, wurde von der Künstlerin Angela Hampel erschaffen und wechselte eigens zur Brückenbewachung vom Ende der Pieschener Hafenmole hierher.

Kenner der Gegend bremsen am Ende der Molenbrücke ihr Fahrrad ab, steigen zu Fuß die wenigen Schritte hinunter ans Elbufer und genießen ihr Feierabendbier aus der Flasche – mit wunderschönem Altstadt-Panorama. Kleine Grüppchen sitzen im warmen Sand auf grob behauenen Sandsteinblöcken, im Rücken das altehrwürdige »Ballhaus Watzke«, dessen historischer Ballsaal den Krieg überdauert hat und heute wie anno dazumal abendlichen »Schwof« zu selbst gebrautem Bier und gebratenen Haxen bietet.

Die Klänge von Tanzorchester, Biergarten und klingelnden Rädern – der Elberadweg wird hier arg schmal – sind hier unten am Fluss nur gedämpft zu hören. Kleine Kinder pritscheln im flachen Elbwasser, neugierige Gänse lassen sich ihr Abendessen in Form von Brotkrumen reichen, ab und an zieht ein Partyfloß mit fröhlicher Besatzung oder ein Wassertaxi vorbei (ja, die gibt es in Dresden).

Die Kirchtürme des vertrauten Canaletto-Panoramas sind klein, aber dank einer Biegung des Flussverlaufs scheinen sie perfekt über dem Wasser der Elbe zu schweben – hach, schön!

Adresse Leipziger Straße/Ecke Mohnstraße, 01139 Dresden-Mickten | ÖPNV Straßenbahn 4, 9, 13, Bus 70, Haltestelle Altpieschen | Tipp Die Zwillingsschwester von »Undine kommt« trifft man ein Stück elbaufwärts. Seit 2011 steht sie an den Johannstädter Elbwiesen, nachgekauft von den Dresdnern, damit sie nicht weiterhin schwesterlos am Bonner Rheinufer warten musste.

69 Die Murals

Gentrifizierung? Nicht hier!

Obwohl die Friedrichstadt mitten im Zentrum Dresdens liegt und mit Eyecatchern wie der Yenidze und dem Marcolini-Palais aufwartet, war das Viertel lange Zeit eine eher triste Gegend. Das wollten manche Einwohner nicht hinnehmen. Und so erblühten ab 2011 auf einigen Brandmauern kunstvolle Murals. Inzwischen sind fast alle Brachflächen wegsaniert, aber die Open-Air-Galerie »RAUM CityBilder« ist immer noch zu sehen.

Die Bomben des Zweiten Weltkriegs haben zwischen dem Ostragehege im Elbbogen und dem Güterbahnhof großen Schaden angerichtet, nach 1945 war die Friedrichstadt eine Trümmerlandschaft, und das blieb sie über Jahrzehnte. Die Straßenzüge südlich der Wachsbleichstraße wurden in der DDR-Zeit mehr schlecht als recht mit sechsgeschossigen Plattenbauten aufgefüllt. Dazwischen waren eine Menge Brachflächen frei – kaum ansehnlich, aber eine Spielwiese für Graffitikünstler wie Jens Besser. Dem Dresdner ist es zu verdanken, dass die stadtplanerisch vernachlässigte Friedrichstadt heute eine der größten öffentlichen Galerien zeitgenössischer Wandmalerei in ganz Europa beherbergt.

In mehreren Anläufen erschufen Street-Art-Künstler aus Europa, den USA und Kanada 16 riesige Murals, die insgesamt eine Wandfläche von etwa 2.500 Quadratmetern bedecken. Dabei handelt es sich nicht einfach um Graffiti oder Schmierereien, sondern um künstlerische Arbeiten mit sehr unterschiedlichem Stil, wie ein Street-Art-Spaziergang zwischen dem Koreanischen Platz und der Waltherstraße zeigt.

Die Friedrichstadt hat sich in den vergangenen zehn Jahren sehr stark verändert, nicht nur optisch. Die meisten Künstler sind inzwischen weitergezogen in andere, weniger gentrifizierte Straßen, und so manche Alteingesessene betrauern den Verlust »ihres« Viertels. Die Murals an den Brandmauern sind eine Erinnerung daran, dass die Friedrichstadt eben nicht nur aus Barock besteht.

Adresse Wachsbleichstraße, Schäferstraße, Behringstraße und Berliner Straße, 01067 Dresden-Friedrichstadt | ÖPNV S1, S2, S8, Straßenbahn 1, 2, 6, 10, Bus 68, Haltestelle Bahnhof Mitte | Tipp Am südlichen Rand der Friedrichstadt sieht man ein weiteres berühmtes Bild – vielmehr sein lebendes Vorbild. Der Brücke-Maler Ernst Ludwig Kirchner malte die Straßenkreuzung unter der Eisenbahnüberführung an der Löbtauer Straße ganz in der Nähe seines Ateliers, die man heute in der Galerie Neue Meister bewundern kann.

70 Die Neue Synagoge

Neu erstanden, um nie zu vergessen

Die Neue Synagoge in Dresden sieht so modern aus, dass Besucher regelmäßig überrascht sind. Das soll ein jüdisches Gotteshaus sein? Ist es, und es hat ein wichtiges Erbe: Die Neue Synagoge steht genau auf dem Platz ihrer Vorgängerin und trägt deren Andenken weiter.

Heute gibt es in ganz Deutschland nur noch 99 Synagogen. Als die Nationalsozialisten 1933 die Macht ergriffen, waren es noch fast 3.000. Spätestens die Reichspogromnacht des 9. Novembers zeigte den deutschen Juden, dass sie nicht mehr erwünscht waren. In vielen Städten brannten in dieser Nacht jüdische Geschäfte und jüdische Gotteshäuser nieder. Auch die Alte Synagoge in Dresden, erst 1840 vom Star-Architekten Gottfried Semper errichtet, wurde zerstört. Den Abriss der Trümmer, die für den Straßenbau verwendet wurden, musste die jüdische Gemeinde auch noch selbst bezahlen. Einzig der Davidstern wurde vom Turm der Synagoge gerettet. Einer der Feuerwehrmänner, die die brennenden Trümmer löschten, versteckte ihn bis nach dem Krieg auf seinem Dachboden.

Als man am 9. November 1998, genau 60 Jahre nach der Zerstörung der Alten Synagoge, am Elbufer eine Neue Synagoge einweihte, kehrte der alte Davidstern wieder zurück. Er sitzt heute in der gläsernen Eingangstür. Das neue Gebäude aus hellem Sandstein, dessen Korpus durch eine raffinierte Drehung die notwendige Ausrichtung nach Osten einhält, befindet sich auf derselben Stelle wie sein Vorgängerbau. Die trutzige Würfelform wurde nicht grundlos gewählt: Sie soll an die ersten Tempel der Israeliten auf dem Tempelberg in Jerusalem erinnern und passte außerdem gut in die schmale Baulücke am Hasenberg.

Genau wie ihre Stammväter geben die Dresdner Juden nicht auf: Von ursprünglich mehr als 6.000 Gemeindemitgliedern überlebten nicht einmal 100 den Zweiten Weltkrieg. Heute sind es wieder fast 700 Menschen, die sich hier jede Woche zum Gebet treffen.

Adresse Hasenberg 1, 01067 Dresden-Innere Altstadt | ÖPNV Straßenbahn 3, 7, Haltestelle Rathenauplatz/Synagoge | Öffnungszeiten Besichtigungen nur im Rahmen von Führungen möglich, Vereinbarung über Hatikva e. V. unter Tel. 0351/6560720 | Tipp Ein Gedenkstein aus geschwärztem Sandstein in Form eines Menora-Leuchters erinnert seit 1975 neben dem Aufgang zum Brühlschen Garten an die Zerstörung der Alten Synagoge.

71 Die Neue Welt

Paul Rackwitz – alter Name, neuer Biergarten

Abseits der gepflegten Parkanlagen und Dahlienrabatten im Zentrum, im Windschatten des Palais Großer Garten und außerhalb der Runde, die die Parkeisenbahn schnaufend durch Dresdens größte Parkanlage zieht, liegt einer der schönsten Biergärten der Stadt – außer Sichtweite der Flanierwege, aber dennoch immer gut besucht.

An der Drachenwiese am östlichen Rand des Großen Gartens lädt seit 2018 das »Paul Rackwitz« zum gepflegten Biertrinken ein. Obwohl Dresden wahrlich nicht arm ist an Biergärten, stellt die Sommerwirtschaft »Neue Welt« an der Stübelallee, allenthalben nur als »Rackwitz« bekannt, doch eine Besonderheit dar.

Allein das kleine, unter Denkmalschutz stehende Haus mit nur 30 Sitzplätzen ist eine Rarität. Wo heute Bier gezapft und Prager Gulasch gekocht wird, mussten früher Einreisende aus Dresdens Vorort Gruna eine »Chausseesteuer« auf bestimmte Waren zahlen. Das sogenannte Einnehmerhaus ist eines der letzten Überbleibsel aus dieser Epoche. Um dem »Rackwitz« eine neue Heimat zu werden, wurde es von Grund auf saniert. Es war ein Glücksfall für beide Seiten. Nach 20 erfolgreichen Jahren hatte die Kultkneipe in Dresden-Plauen wegen einer Mieterhöhung schließen müssen und keine passende neue Bleibe in diesem Viertel gefunden.

Sein Erbe als undefinierbare Mischung aus Restaurant, Kneipe und Schankwirtschaft zeigt sich schon im Namen – er stammt vom ersten Besitzer des Stammhauses in Plauen. Die Sommerwirtschaft ist tatsächlich nur auf den ersten Blick ein Biergarten. Die Gerichte liegen deutlich über Biergarten-Niveau, das Stammbier ist ein rubinrotes Staropramen der Sorte »Granát«. Selbst das mit der Sommerwirtschaft haben sich die Betreiber, Ralph Krause und sein Bruder Rastislav, inzwischen noch einmal überlegt: Neuerdings kann man das »Rackwitz« auch im Winter aufsuchen, eine Eisstockbahn sorgt dann für warme Füße und genügend Glühweindurst.

Adresse Stübelallee 4, 01309 Dresden-Blasewitz | ÖPNV Straßenbahn 1, 2, Haltestelle Lipsiusstraße oder Karcherallee | Öffnungszeiten Mo–Sa 12–22 Uhr, So 11–22 Uhr, Reservierungen unter Tel. 0351/4976124 | Tipp Ein weiteres Überbleibsel der früheren Stadtgrenze zwischen Dresden und Blasewitz ist ein Weichbildstein, der etwa zehn Spazierminuten vom »Rackwitz« entfernt an der Hauptallee des Großen Gartens hinter den Herkulessäulen steht. Im Sandstein ist die Jahreszahl 1679 zu erkennen.

72_Der Niagarafall

Naturwunder zum Abschalten

Donnernd rauschen die Wassermassen herab; ganze fünf Meter sind es bestimmt, über die das Wasser in sein breites Becken fällt. Der eindrucksvoll tosende Niagarafall auf dem Gelände der Veranstaltungshalle Zeitenströmung ist locker Dresdens höchster Wasserfall. Bewundern kann man ihn allerdings nur, wenn das benachbarte Lokal geöffnet ist – abends wird er einfach abgeschaltet.

Zwar ist Dresden durchaus bergig, es liegt ja bekanntlich in einem Talkessel. Auch für die Anfahrt zum Gelände der Zeitenströmung oberhalb der Stauffenbergallee sind aus dem Stadtzentrum etliche Höhenmeter zu bewältigen. Dennoch: Für nennenswerte natürliche Wasserfälle reicht die städtische Landschaft nicht aus. Und der in vielen Reiseführern erwähnte Prießnitzwasserfall in der Dresdner Heide ist so klein, dass ihn Ortsfremde oft gar nicht als solchen erkennen.

Da man in der Zeitenströmung aber gern mal ein bisschen dicker aufträgt, haben sich die Betreiber der Restaurants und Manufakturen, Kaffeeröstereien und Ingenieurbüros eben auch einen eigenen Wasserfall gegönnt. Der passt hervorragend zum Ambiente des Edelrestaurants »Elements« mit seinem Michelin-Stern und dem »Deli«-Bistro-Ableger, zum Flair des italienischen Feinkostgeschäfts und der Oldtimer-Werkstatt. Auch die Kletterhalle »Mandala« ist in den alten Fabrikhallen aus Klinkersteinen beheimatet, in denen früher Kanonenkugeln lagerten, dann Flugzeugturbinen und Schiffsgetriebe gebaut wurden. Die Dresdner kommen vor allem hier herauf an den Rand der Dresdner Heide, weil die großen Räume Platz für Ausstellungen wie »Körperwelten« oder »Eiswelten« bieten, für die sich im klassisch-barocken Stadtzentrum nichts Passendes findet.

Ein Spaziergang über das verwinkelte Gelände des »Gewerbegartens«, der sich stetig wandelt, lohnt immer – auch wenn der Niagarafall gerade einmal nicht rauschen sollte.

Adresse Zeitenströmung, Einfahrt über Königsbrücker Straße 96, 01099 Dresden-Albertstadt | ÖPNV Straßenbahn 7, 8, Haltestelle An der Heeresbäckerei | Öffnungszeiten ganztägig, bis zur Schließzeit des »Elements« | Tipp Freunde guter Küche, die keine Sterne-Preise zahlen können, kommen im »Deli« auf ihre Kosten. Der Bistro-Ableger des »Elements« bietet ebenso feine Küche in lockerem Ambiente, mit Traumblick auf die Niagarafälle.

73 Das Palais Brühl-Marcolini

Gesund werden mit Stil

Das Auenland in der Elbbiegung vor den Stadtmauern diente über Jahrhunderte zur Versorgung der fürstlichen Anwesen mit Obst, Fisch und Wild. So schön war es in der »Ostra«, dass sich viele Grafen und Höflinge hier ihre stadtnahen Sommerhäuser erbauten. Erhalten ist bis auf das Palais Brühl-Marcolini kaum noch eines. Dass sie in einem fast 300 Jahre alten herrschaftlichen Anwesen stehen, ist den wenigsten Besuchern bewusst, die das gelb leuchtende Gebäude betreten. Es ist die heutige Empfangshalle des städtischen Krankenhauses Friedrichstadt. Daneben gibt es noch viele weitere Gebäude auf dem 1845 eingeweihten Krankenhausgelände, die ursprünglich für ganz andere Zwecke geschaffen wurden.

Das hübsche Gartenpalais steht seit 1727 hier, errichtet im Auftrag einer Mätresse Augusts des Starken, später erweitert durch dessen Premierminister Graf Heinrich von Brühl und erneut umgebaut für den Hofbeamten Camillo Marcolini. Ein späterer Besitzer vermietete die Räume unter anderem an Richard Wagner, nachdem hier 1813 Napoleon mit Fürst Metternich über seine Kapitulation verhandelt hatte. Das chinesische Zimmer, in dem die beiden unter vier Augen stritten, ist noch zu sehen, genau wie das pompejanische Zimmer, in dem der kleine Korse damals nächtigte.

Hinter der Empfangshalle des Marcolini-Palais blickt man durch den ehemaligen französischen Garten, in dem heute Genesende flanieren, direkt auf diverse Neubauten des Städtischen Krankenhauses. Hinter diesen aber prangt am Ende der zerstörten Blickachse der 40 Meter breite barocke Neptunbrunnen, Dresdens größte Brunnenanlage. Zwischen den gesichtslosen Neubauten warten Aphrodite und Poseidon mit ihren Kollegen geduldig, dass die Pläne zur Versetzung des Brunnens verwirklicht werden. Bis dahin erfreuen sich Patienten und Besucher der psychiatrischen Klinik ganz allein am barocken Augenschmaus.

Adresse Friedrichstraße 41, 01067 Dresden | **ÖPNV** Straßenbahn 10, Bus 68, Haltestelle Weißeritzstraße; S1, S2, S8, Bahnhof Dresden-Mitte | **Öffnungszeiten** während der Öffnungszeiten des Krankenhauses, täglich 6.30 – 18 Uhr | **Tipp** Die Friedrichstraße ist die älteste Straße des Stadtteils. Gegenüber dem Krankenhaus bewirtet seit 1749 das »Café Friedrichstadt« Gäste; eröffnet wurde es vom Bruder des Zwinger-Architekten Pöppelmann.

74 Das Planetendenkmal

Und sie bewegt sich doch (nicht)

Zwischen dem belebten Schlossplatz an der Elbe und dem versteckten Brühlschen Garten nahe der Neuen Synagoge bietet die weltbekannte Brühlsche Terrasse so einige Besonderheiten – allen voran das Planetendenkmal.

Fast jeder Besucher der Stadt spaziert verzückt seufzend unter den zu Würfeln gestutzten Bäumen auf der ehemaligen Festungsanlage entlang, die Graf Brühl nach dem Schleifen der Stadtmauern zu einem öffentlichen Erholungsgebiet mitten in der Stadt machte, und genießt den Blick aufs Elbufer vom »Balkon Europas«. Etwa auf halber Höhe, wo ein Treppenaufgang hinab in die schmale Münzgasse führt, begegnet man einer Installation, deren Bedeutung viele gar nicht bemerken – und wem die seltsame Bronzekugel auffällt, der geht meist stirnrunzelnd weiter. Anders als die Brühlsche Terrasse und viele anliegende Gebäude ist die Skulptur »Erde und Planeten« vergleichsweise jung. Sie stammt aus der Hand des Dresdner Künstlers Vinzenz Wanitschke und steht erst seit 1990 an dieser Stelle.

Dennoch bezieht sie sich auf die Brühlsche Terrasse oder vielmehr auf deren ursprünglichen Zweck als Festungsmauer. Deren Ecken wurden durch sieben Bastionen verstärkt, die fast 200 Jahre nach ihrer Erbauung auf Wunsch von Kurfürst August dem Starken nach den damals bekannten Planeten umbenannt wurden – statt Uranus und Neptun waren auch Luna und Sol dabei. Die 1,20 Meter große, arg zerquetschte Bronzekugel, aus der Kristalle herauswachsen, stellt unsere sich ständig wandelnde Erde dar. Um sie herum kreisen, im Boden eingelassen, die Planeten – jeweils versehen mit ihrem astronomischen Symbol und einem weisen Sinnspruch. Tatsächlich war im 16. Jahrhundert noch das geozentrische Weltbild en vogue, trotz der Entdeckungen von Kopernikus, Galilei und Kepler. Glaubt man aktuellen Umfragen, ist fast ein Drittel der Europäer auch heute noch dieser Meinung!

Adresse Brühlsche Terrasse, Aufgang Münzgasse, 01067 Dresden-Altstadt | ÖPNV Straßenbahn 4, 8, 9, Haltestelle Theaterplatz | Tipp Die Geschichte der Dresdner Stadtmauer erlebt man am besten dort, wo sie einst stand, nämlich direkt unter der Brühlschen Terrasse. Hier vermittelt die »Festung Xperience« mittels Multimedia einen sehr lebensechten Eindruck von der Zeit, als Herzog Moritz Dresden mit einer topmodernen Festungsmauer umgab.

75 Die Prießnitz

Hinter den Kulissen der Neustadt

Irgendwo im Radeberger Land entspringt sie, fließt dann als munteres, eiskaltes Bächlein 24 Kilometer durch die Dresdner Heide und mündet als breiter, wenn auch sehr flacher Strom unterhalb des Diakonissenkrankenhauses in die Elbe. Für etwa 1,5 Kilometer durchquert die Prießnitz dabei die Äußere Neustadt. Das Flussbett, im Sommer regelmäßig fast ausgetrocknet, bietet eine seltene Möglichkeit: Durch seichtes Wasser und geheimnisvolle Tunnel watend, entdeckt man die stille »Rückseite« des Szeneviertels.

An der »Kinderwaschanlage« am Elbufer startet die Prießnitz-Erkundung, für die man entweder Gummistiefel und warme Socken oder wasserfeste Sandalen braucht – das Wasser des Baches ist selbst im Sommer eiskalt! Auch eine Taschenlampe empfiehlt sich. Ist der lange, finstere Tunnel bezwungen, der unter der stark befahrenen Bautzner Straße hindurchführt, gelangt man in eine stille, verzauberte Welt. Die hohen Mauern, von denen Grünzeug rankt, werden Schritt für Schritt immer niedriger, während man dem gewundenen Verlauf des Baches folgt und die unbekannten Rückseiten von Wohnhäusern, dem Varietétheater »Carte Blanche« oder der Neustadt-Institution »Oostende« erkundet. Wer sehr leise ist, überrascht vielleicht sogar eine Nutria oder sieht eine Forelle zwischen den Trittsteinen davonsausen.

Nach der Brücke über den Bischofsweg führt an der Prießnitzstraße wieder ein ordentlicher Fußweg am Bachufer entlang. Dort, wo sich das Wassertelefon befindet, geht es an der Böschung hinab ins Wasser. In einem weiteren Tunnel fließt die Prießnitz unterirdisch zur Bischofswerdaer Straße, wo die letzten Häuser der Neustadt stehen. Spätestens an der hoch aufragenden Prießnitz-Brücke, auf der die vierspurige Stauffenbergallee entlangführt, endet der geheime Weg. Hier beginnt der von hohen Buchen beschattete Prießnitzgrund – eines der beliebtesten Naherholungsgebiete der Neustädter.

Adresse Start am Elberadweg an beziehungsweise unter der Fußgängerbrücke unterhalb Holzhofgasse/Diakonissenweg, 01099 Dresden-Neustadt | ÖPNV Straßenbahn 11, Haltestelle Diakonissenkrankenhaus | Tipp Durch den Prießnitzgrund kann man dem Bach leicht noch viel weiter folgen. Ein schöner und abwechslungsreicher Wanderweg (gelbe Markierung) führt über den Diebsteig nach Dresden-Klotzsche, von wo die Straßenbahn 7 zurück in die Stadt fährt.

76_Der Promenadenring

Dresden lässt sein grünes Band …

Dresden gilt ganz offiziell als eine der grünsten Städte in Deutschland. Das liegt vor allem am riesigen Stadtwald Dresdner Heide am nördlichen Stadtrand und an den bis zu 400 Meter breiten Elbauen. Damit auch die Innenstadt grüner wird, hat sich Dresden ein ehrgeiziges Ziel gesetzt: Der Promenadenring soll sich bald wie ein Band komplett um die Innere Altstadt ziehen und im Sommer für erträglichere Temperaturen sorgen.

Genau dort, wo Dresden früher von einer Festungsmauer umgeben war, wird seit 2019 ein grün bepflanzter Streifen angelegt. Breite Spazierwege, begrünte Rabatten und viele neu gepflanzte Bäume folgen dem ehemaligen Verlauf der Mauer und verbinden so die Vergangenheit mit der Zukunft: Ein lebensfreundliches, naturnahes und an die Folgen des Klimawandels besser angepasstes Dresden soll entstehen.

Seit 2022 ist der westliche Teil des Promenadenrings fertiggestellt und bietet eine schöne Möglichkeit, um abseits des Trubels der Straßen um die Altmarktgalerie von der Prager Straße zum Postplatz zu gelangen. Beginnend am Spielplatz »Bastion Merkur«, der ebenfalls das historische Thema der Stadtmauer aufnimmt, erstreckt sich eine breite Promenade zwischen den mehrgeschossigen alten und neuen Häuserzeilen, deren Fassaden man hoffentlich bald gar nicht mehr erkennen kann, wenn man unter der doppelten Reihe von Linden hindurchläuft.

Der große Springbrunnen mit den Schalen nahe dem Spielplatz kommt alteingesessenen Dresdnern bekannt vor. Er stand früher auf der Prager Straße und stellt im Sommer eine herrliche Erfrischung dar – nicht nur für Passanten, sondern auch für Vögel, die oben aus den Schalen trinken können. Ein weiterer Springbrunnen und eine große Fläche an Hochbeeten, auf deren Rand man zwischen bunten Blumen sitzen kann, schmücken den Postplatz, der im Sommer mit dem »Wasservorhang« eine erfrischende Mutprobe offeriert.

Adresse Dippoldiswalder Platz bis Postplatz, parallel zur Marienstraße, 01067 Dresden-Mitte | **ÖPNV** Bus 62, Haltestelle Reitbahnstraße; Straßenbahn 7, 8, 9, 11, 12 sowie Bus 62, 68, Haltestelle Prager Straße | **Tipp** Beim Spaziergang auf dem Promenadenring mag man sich über die Panzerkette am Wegrand wundern. Sie erinnert an den Ort, wo – wie auch in Ost-Berlin – am 17. Juni 1953 Proteste gegen die Politik der DDR-Regierung stattfanden, die allerdings von der Roten Armee niedergeschlagen wurden.

77__Der Putjatinplatz

Das Vermächtnis aus Kiew

»Wer sein Glück nicht in sich selbst trägt, der hat keins und wird es nie finden.« Diesen weisen Spruch verdanken die Dresdner einer schillernden Gestalt, die dem beschaulichen Viertel Kleinzschachwitz nahe der Elbe einen bis heute sichtbaren Stempel aufgedrückt hat.

Dass Fürst Nikolai Putjatin, geboren im Jahr 1749 in Kiew, nach seinem Rauswurf am Petersburger Hof das ferne Dresden als seinen neuen Wohnsitz wählte, erschien verwunderlich genug – noch höher hoben sich die Brauen, als der Adlige 1797 ein Bauerngut in Kleinzschachwitz bezog. Und es wurde noch verrückter! Fürst Putjatin erbaute auf dem Gelände eine regelrechte Villa Kunterbunt mit Aufzügen, einem Ofen in Palmenform und 16 Balkons, damit seine asthmakranke Stieftochter ausgiebige Luftbäder nehmen konnte (es half leider nichts). Ein hoher Turm, das »Storchennest«, diente dem heimatlosen Adeligen zur Wetterbeobachtung. Eine Seilbahn führte hinab in den romantischen Park, wo zahllose Schaukeln standen – auf einer fanden 30 Personen gleichzeitig Platz.

Fürst Putjatin galt als gebildet und gesellig, und er erfand nützliche Dinge wie etwa eine Würfelzucker-Säge. Bei der Bevölkerung war er bekannt für seine Spaziergänge in Begleitung zweier schwerhöriger Möpse. Außerdem trug der Fürst äußerst ungern Hosen, sie schränkten ihn angeblich ein. Dennoch war Putjatin keine Witzfigur. Er ließ mit eigenem Geld die erste Schule in Kleinzschachwitz errichten, schenkte der Gemeinde ein Grundstück und ermöglichte armen Kindern mittels Stipendien den Schulbesuch. In seinem romantischen Park durfte jeder spazieren und schaukeln.

Sein Vermächtnis ist noch heute da: Auf dem Putjatinplatz erinnert seit 1997 das Putjatin-Denkmal an den extravaganten Fürsten, und an der Putjatinstraße steht noch immer die Putjatin-Villa – wenn auch leider ihres Turms, ihrer Balkone und ihres Parks beraubt.

Adresse Putjatinplatz/Meußlitzer Straße 82, 01259 Dresden-Kleinzschachwitz | **ÖPNV** Bus 88, Haltestelle Putjatinplatz | **Tipp** Das heute als Kulturzentrum genutzte Putjatinhaus, das wie ein Kartenhaus aussieht, ist die 1822 errichtete Schule. Der Eingang war mit Absicht so niedrig, dass sich der Lehrer beim Betreten vor den Schülern verbeugen musste.

78 Der Queckbrunnen

Hier werden Wünsche wahr

Seit unglaublichen 550 Jahren steht der unscheinbare Queckbrunnen in der Wilsdruffer Vorstadt. Er ist damit offiziell Dresdens ältester Brunnen mit einer Wasserfontäne. Seinen eigentlichen Bestimmungszweck erhielt er aber erst deutlich später – die kleine Storchenfigur auf seinem Dach zeigt dezent an, worum es dabei geht.

Als man den Brunnen im Jahr 1461 über dem Queckborn errichtete, konnte man ringsherum noch nichts von der heutigen dichten Bebauung der Wilsdruffer Vorstadt erahnen. Das Residenzschloss der Wettiner Fürsten war in dieser Zeit noch eine kleine Burg, der nahegelegene Zwinger noch nicht einmal erträumt. Wo heute eine Häuserzeile eng an der anderen steht, erstreckte sich damals eine Viehweide, die weit außerhalb der Stadtmauern des alten Dresden lag.

Die am Queckborn ansässigen Gerber brauchten reichlich Wasser, um ihrer stinkenden Arbeit nachzugehen, und auch die Kühe hatten Durst – woraus sich der Name des Queckbrunnens ableitet, denn »queck« heißt auf Althochdeutsch Vieh. Eine andere Übersetzung brachte dem Brunnen bald die bereits angedeutete kreative Zweitnutzung ein: »Queck« bedeutet nämlich auch so viel wie »lebendig«, was im Begriff »quicklebendig« erhalten blieb.

Gerüchte, das Wasser des Queckbrunnens beziehungsweise ein hier angebrachtes Marienbild würden für Nachwuchs bei unfruchtbaren Frauen sorgen, machten die kleine Anlage schnell zu einem regelrechten Wallfahrtsort, neben dem sogar eine Kapelle entstand. Letztere verschwand nach einigen Jahrzehnten, die Legende jedoch hielt sich: Seit 1735 schmückt ein Storch das Dach des Brunnenhauses, der ein Wickelkind im Schnabel trägt. Ob die Dresdnerinnen diese Legende inzwischen vergessen haben? Seinen illustren Rang als Geburtenhauptstadt Europas hat Dresden jedenfalls seit 2014 verloren, und am Queckbrunnen sieht man nicht allzu viele junge Frauen Wasser schöpfen.

Adresse Hertha-Lindner-Straße/Ecke Am Queckbrunnen, 01067 Dresden-Wilsdruffer Vorstadt | ÖPNV Straßenbahn 11, Haltestelle Am Zwingerteich | Tipp Der Queckbrunnen war früher eines der Wahrzeichen Dresdens, mit dessen Kenntnis Handwerksburschen beweisen mussten, dass sie auf ihrer Walz wirklich hier gewesen waren. Ein weiteres war das »Brückenmännchen«, das sich gut versteckt an der Altstädter Seite der Augustusbrücke findet.

79 Der Rathaus-Zwerg

Botschafter aus Wrocław

Seit dem Jahr 2014 steht das kleine zipfelbemützte Kerlchen etwas versteckt am Fuß des Hietzigbrunnens auf der Westseite des Rathauses. Sein fröhlicher Bruder ist nicht weit entfernt, er wartet am Eingang zum »Ratskeller« an der Front. Was hat es mit den beiden gusseisernen Gartenzwergen im Stadtzentrum auf sich?

Zunächst einmal: Die beiden Kerlchen sind keine gebürtigen Dresdner, sondern Zugezogene. In ihrem Heimatort Wrocław (oder Breslau) in Polen sind die maximal kniehohen Gesellen schon fast als Landplage zu bezeichnen, mehr als 600 gibt es bereits von ihnen, und es kommen immer neue hinzu.

Wer meint, es mit unschuldigen Gartenzwergen zu tun zu haben, der irrt – die »Krasnale« haben einen durchaus ernsthaften politischen Hintergrund. Der erste von ihnen wurde 2001 von Kunststudenten erschaffen und in Wrocław an der Ulica Świdnicka, der Schweidnitzer Straße, aufgestellt. Damit wollten die jungen Leute an die kreativen Aktionen der »Orangefarbenen Alternative« erinnern, die in den 1980er Jahren auf subversive Art und Weise gegen das System des von der Sowjetunion gesteuerten Sozialismus protestiert hatten – etwa indem sie mit orangefarbenen Zwergenmützen auf dem Kopf gegen die Sommerhitze demonstrierten oder chronisch knappes Toilettenpapier an Passanten verschenkten. Wer hätte sie dafür verhaften können? Sie waren listig wie die Zwerge aus dem Märchen, gleichzeitig aber auch freundlich und hilfreich. Kein Wunder, dass die »Krasnale« bei den Menschen so beliebt waren und sind – und dass die Stadt Wrocław auch ihre Partnerstädte inzwischen mit kleinen Zwergenfiguren beschenkt.

Der erste Zwerg, der nach Dresden kam, hält seit 2014 die Wappen der beiden Städte in der Hand, sein 2019 nachgefolgter Bruder steht fröhlich mit Koffer und einer Sonnenblume bewaffnet da. Dass bald ein dritter folgen wird, ist eigentlich unausweichlich, denn aller guten Dinge sind …

Adresse Rathaus, westliche Seite am Hietzigbrunnen (Schulgasse) und südliche Seite am Eingang zum Ratskeller (links vom Haupteingang), Neues Rathaus, 01067 Dresden-Altstadt | ÖPNV Straßenbahn 7, 10, 11, 12, Bus 62, 75, Haltestelle Pirnaischer Platz | Tipp Nach Dresdens Partnerstadt ist auch die Breslauer Straße benannt. Sie ist ebenso klein und gut versteckt wie die Zwerge: Vom nördlichen Ausgang des Hauptbahnhofs führt sie als Fußweg links vom Kugelhaus durch die ersten Häuserzeilen des Wiener Platzes, um dann scharf links zur Reitbahnstraße abzubiegen.

80 Die Richard-Wagner-Stätten

Ganz große Oper in Graupa

Den weltbekannten Komponisten Richard Wagner assoziieren die meisten Menschen mit dem »Ring der Nibelungen« und mit der Stadt Bayreuth, wo diese mehrstündige Monumentaloper alljährlich aufgeführt wird. Weniger bekannt ist, dass Richard Wagner, der aus Leipzig stammte, seine Kindheit in Dresden verbrachte und im Örtchen Graupa bei Pirna ein weiteres Meisterwerk komponierte.

Schreiben und Komponieren waren eigentlich gar nicht geplant gewesen, als der Komponist mit Frau und Hund für drei Monate eine Wohnung im Bauernhaus der Familie Schäfer bezog. Erholung stand auf dem Programm, und Wagner wanderte fast täglich mit Hund Peps bis in die Sächsische Schweiz – ein ordentlicher Fußmarsch.

Nachdem Wagner die Felsenlandschaft des Uttewalder Grunds bei Wehlen gesehen hatte, konnte er wohl nicht anders, als das Notenheft zur Hand zu nehmen. Die Oper »Lohengrin«, heruntergeschrieben in wenigen Wochen, wurde Wagners erfolgreichstes Werk.

Das Sommerquartier zu einem Museum zu machen, war die Idee des Wagner-Fans Max Gaßmeier, der seine eigene Sammlung zur Verfügung stellte und zusammen mit vielen Schenkungen die weltweit älteste Wagner-Stätte schuf. Bereits seit 1907 kann man an der Richard-Wagner-Straße in Graupa das »Lohengrin-Haus« besichtigen. 2013 kam im benachbarten Jagdschloss ein weiterer Ausstellungsteil hinzu, der Wagners Leben und Werk so interaktiv und anschaulich präsentiert, dass selbst Nicht-Wagnerianer und Kinder ihre Freude beim Rundgang durch die farbigen Räume haben. Mit welchen Tricks Wagner die Bühnentechnik revolutionierte, welche modischen Vorlieben der Maestro hatte und wie unermüdlich er an Instrumenten arbeitete, bis sie exakt so klangen, wie es ihm vorschwebte – das hat so gar nichts mit dem verstaubten Image klassischer Opern zu tun. Für junge Besucher gibt es sogar eine Schatzkarte!

Adresse Jagdschloss: Tschaikowskyplatz 7, 01796 Pirna OT Graupa; Lohengrin-Haus: Richard-Wagner-Straße 6, 01796 Pirna OT Graupa, Tel. 03501/4619650, www.wagnerstaetten.de | ÖPNV Bus 83 ab Pillnitzer Platz bis Haltestelle Graupa Tschaikowskyplatz | Öffnungszeiten Di – Fr 11 – 17 Uhr, Sa, So 10 – 18 Uhr (1.11.– Gründonnerstag nur bis 17 Uhr); Eintritt bis 18 Jahre frei | Tipp Auf Wagners Spuren gelangt man von Graupa nach etwa fünf Kilometern zum Liebethaler Grund, wo ein monumentales, zwölf Meter hohes Wagner-Denkmal mit musikalischer Untermalung für dramatische Stimmung beim Wandern sorgt.

81 Die Robotron-Kantine

Das ist Kunst und kann nicht weg

Dresdens Ruf als »Silicon Saxony« hat seine Wurzeln in den 1960er Jahren. Das Kombinat »Robotron« präsentierte noch kurz vor der Wende im Staatsfernsehen stolz den 1-MB-Mikrochip als Beweis für die Fortschrittlichkeit des Sozialismus. Vom ehemaligen Firmengelände in der Stadtmitte blieb nach dem Abriss nur die Kantine stehen.

Das letzte Robotron-Gebäude an der Zinzendorfstraße, das einst 800 Plätze für hungrige Angestellte aufwies, hatte Glück: Es befindet sich nicht auf dem Baugrund, der bald zu neuen Wohnungen werden soll. Und noch besser ist, dass die Kunstwelt den DDR-typischen – viele meinen: hässlichen – Zweckbau für sich entdeckte.

Vor dem viel älteren und doch moderner wirkenden Hygienemuseum verwandelte sich die verfallende Kantine überraschend zu etwas ganz Neuem. Als »Dritter Ort« diente sie der OSTRALE als Standort für deren Biennale und soll nun als Industriedenkmal der DDR-Zeit und als Ort der Kunst erhalten bleiben. In gewisser Weise war sie das schon immer: Hier nahm das stadtbekannte Kabarett »Herkuleskeule« seinen Anfang, ein betriebseigenes Ensemble bot den Robotron-Angestellten Tanz und Akrobatik, Zaubershows und Konzerte. Auch die Gestaltung der Kantine ist ein (inzwischen) einzigartiges Zeitzeugnis: Wandverkleidungen, Brüstungen und andere Ausstattungen stammen von angesehenen Künstlern der DDR-Zeit und zeigen die Ästhetik des sogenannten Fortschrittsoptimismus, der gerade in der Barockstadt Dresden einen erfrischenden Kontrast darstellt.

Der Abriss scheint durch einen Stadtratsbeschluss von 2019 endgültig abgewendet, seitdem wird diskutiert, ob die Stadt selbst zur Käuferin werden soll. Solange in und an der Robotron-Kantine also noch Ausstellungen zeitgenössischer Kunst präsentiert werden, Performances und Konzerte stattfinden, sollte man vorbeischauen – immerhin entsteht hier gerade ein neues Stadtviertel.

Adresse Zinzendorfstraße 5, 01069 Dresden-Seevorstadt, www.robotron-kantine.de | **ÖPNV** Straßenbahn 1, 2, 4, 12, Haltestelle Deutsches Hygienemuseum; Straßenbahn 1, 2, 3, 4, 7, 12, Bus 62, Haltestelle Pirnaischer Platz | **Öffnungszeiten** während der Ausstellungen, aktuelle Informationen auf der Website | **Tipp** Ausgesprochen urban geht es direkt neben der Robotron-Kantine zu: Dresdens größter Skaterpark mit beachtlicher Halfpipe bietet der Stadtjugend einen zentralen Treffpunkt, an dem immer etwas los ist.

82 Das Rote Haus

Expressionistische Badefreuden in Friedewald

Man fühlt sich schon ein wenig an die kräftigen Farben und Linien expressionistischer Gemälde erinnert, wenn man beim Wandern durch die Dippelsdorfer Teichlandschaft das Rote Haus zwischen den gelben Feldern, den grünen Wiesen und den blau schimmernden Fischteichen erblickt. Diese Inspiration verspürten wohl auch die jungen Mitglieder der Dresdner Künstlergruppe »Brücke«, die hier zu Anfang des 20. Jahrhunderts mitten in der Landidylle eine neue Kunstrichtung begründeten.

Damals war das Rote Haus ein kleines Badehaus am Seeufer, und genauso nutzten es die »Jungen Wilden«: Hier und am Mittelteich in Moritzburg sonnte man sich und badete nackt, was aufregend unverfroren und künstlerisch bereichernd war – die entstandenen Gemälde wollten den Menschen in seiner wahren Natur abbilden und zeigten oft die Freunde und Kinder der Künstler.

Die rot gestrichenen Holzwände des Badehauses gingen so schnell in die Brüche wie der Zusammenhalt der Dresdner Künstler. Ihre Werke wurden von der städtischen Öffentlichkeit misstrauisch beäugt, verspottet oder gar bespuckt. 1911 zog die Gruppe nach Berlin, wo man sich bald gegenseitig Verrat an den gemeinsamen Idealen vorwarf, sich aus der »Brücke« ausschloss und die Gruppe schließlich offiziell auflöste.

Bevor das Rote Haus am Dippelsdorfer Teich dem gleichen Schicksal anheimfiel, erbarmte sich der Moritzburger Bürgermeister und ließ das Gebäude 2005 neu errichten – nun nicht mehr als Badehaus, sondern als Ort der Kunst und kulturelle Begegnungsstätte. Die wilde Badestelle am Seeufer hat davon genauso profitiert; an Sommertagen sieht es hier so bunt aus wie vor mehr als 100 Jahren. Und wenn dann noch der historische »Lößnitzdackel« auf dem eigens für ihn angelegten Damm über den flachen Teich rattert und mit lautem Tuten seine Dampfwolke in den blauen Himmel stößt, dann möchte man sofort den Pinsel zücken …

Adresse Dorfstraße 3, 01468 Moritzburg | ÖPNV Lößnitzgrundbahn aus Radebeul Ost, Haltestelle Bahnhof Bad Friedewald; alternativ Bus 475 aus Radebeul, Haltestelle Friedewald Bad | Öffnungszeiten Strandbad immer zugänglich; Rotes Haus an Sommerwochenenden 10 – 18 Uhr sowie zu Veranstaltungen | Tipp Deutlich lebhafter geht es im Sommer am gegenüberliegenden Teichufer zu – dort kann man auf dem Gelände des Ferienparks Bad Sonnenland baden.

83 Die russisch-orthodoxe Kirche

Märchenhaft schön

Am schönsten sind die blau und golden glänzenden Zwiebeltürme im Winter – dann versperren die Bäume im Kirchgarten mit ihrem dichten Laub nicht mehr den Blick und das zarte Gebäude der russisch-orthodoxen Kirche unter seinem weißen Mantel erinnert an die Weihnachtsgeschichten von Väterchen Frost.

Die märchenhafte Kirche steht schon seit fast 150 Jahren an der Bergstraße und bietet der russischen Gemeinde in Dresden eine religiöse Heimat. Berühmtheiten wie Michail Bakunin, Fjodor Dostojewski (der Dichter ließ sein Töchterchen hier taufen) und Sergej Rachmaninow (der Komponist spendete Geld für die Gasheizung, die noch heute läuft) sind nur einige der illustren Namen, die im Zusammenhang mit der »Kirche des Heiligen Simeon vom Wunderbaren Berge« genannt werden. Sogar Zar Alexander II. besuchte hier einen Gottesdienst, nachdem er den Aufbau der Kirche großzügig mitfinanziert hatte.

Zwischen den neuen und sanierten Plattenbauzeilen und den Hochhäusern der Südvorstadt wirkt die hübsche Kirche stilistisch ziemlich fehl am Platz. Dass sie überhaupt noch steht, möchte man Gottes Hand zuschreiben: Bei der flächendeckenden Bombardierung der Südvorstadt am 13. und 14. Februar 1945 blieb im Süden Dresdens kaum ein Stein auf dem anderen, auch die benachbarte Lukaskirche stürzte in sich zusammen. Allein der 40 Meter hohe Glockenturm und die fünf Zwiebeltürme der Simeon-Kirche ragten danach noch aus dem Schutt empor – sie symbolisieren Jesus und die vier Evangelisten. Im Inneren der russischen Kirche warten wunderschöne Deckengemälde und goldglänzende Ikonen, wie man sie aus osteuro-päischen Gotteshäusern kennt. Die acht Bronzeglocken, die sonntags die Gläubigen zum Gottesdienst rufen, stammen übrigens aus der Ukraine – sie wurden 2010 in Donezk gegossen.

Adresse Fritz-Löffler-Straße 19, 01069 Dresden-Südvorstadt | ÖPNV Straßenbahn 3, 8, Bus 66, Haltestelle Reichenbachstraße | Öffnungszeiten täglich 10–16 Uhr und zu den Gottesdiensten | Tipp Weihnachten wird im russisch-orthodoxen Glauben erst Anfang Januar gefeiert – dann lohnt es sich besonders, an einem Gottesdienst teilzunehmen.

84 Die Sängereiche am Elbufer

Was ein Baum erzählen kann

Nirgends sind die Elbwiesen schöner als östlich der Waldschlösschenbrücke, jener Elbüberquerung, für die Dresden kraft eines Volksentscheids auf seinen eben erst erworbenen Weltkulturerbetitel verzichtete. Dem Bau der Brücke mussten viele alte Bäume weichen, trotz heftiger Proteste der Anwohner. Nur die altehrwürdige Sängereiche steht heute noch im Schatten der Brücke – allein auf weiter Flur.

Die 27 Meter hohe und nahezu perfekt kugelförmige Stieleiche mit Ästen, die so tief hängen, dass man gar nicht anders kann, als sich draufzusetzen, wächst seit 1865 am Elbufer. Sie wurde anlässlich eines besonderen Ereignisses hier gepflanzt: Vom 22. bis zum 25. Juli fand damals das erste deutsche Sängerbundesfest statt. Alle Sängerbünde – heute sagt man wohl Laienchöre – aus Deutschland und viele weitere aus der ganzen Welt machten sich zu diesem Treffen nach Dresden auf. Erst drei Jahre zuvor hatte sich der Deutsche Sängerbund in Coburg gegründet, und für das erste Bundesfest war den Mitgliedern keine Mühe zu groß. Auf dem Gelände der Waldschlösschen-Brauerei, an die heute noch das Brauhaus am Waldschlösschen erinnert, errichtete man eine hölzerne Festhalle für die 12.000 Teilnehmer. Genächtigt wurde in Zelten ringsherum am Elbufer, das schon damals einen wundervollen Blick auf die Altstadt geboten haben muss.

Die Bedeutung dieses Treffens überstieg jedes heutige Großevent, selbst Sachsens König Johann beehrte die Aufführungen. Auch der Sächsische Sängerbund trifft sich seit 1925 immer wieder auf der Sängerwiese vor der Eiche. Die wurde als »Sinnbild deutscher Kraft, Ausdauer und Treue« übrigens erst einige Monate nach dem Fest gepflanzt, als Ersatz für ihre Vorgängerin. Die eigentliche Sängereiche hatte die Anstrengungen des Festumzugs im heißen Juli nicht überlebt und war bald nach ihrer Pflanzung eingegangen.

Adresse Körnerweg, östlich der Waldschlösschenbrücke, 01099 Dresden-Radeberger Vorstadt | **ÖPNV** Bus 64, 74, Straßenbahn 11, Haltestelle Waldschlösschen | **Tipp** Den schönsten Blick auf das (verlorene) UNESCO-Weltkulturerbe des Dresdner Elbtals hat man von der Krone der Sängereiche. Wer nicht klettern mag, steigt den Hang hinauf zum kleinen Pavillon, der 1939 eigens für den Waldschlösschenblick errichtet wurde.

85 Das Saubachtal

Saumäßig schön

Dort, wo der Dresdner Stadtrand im Nordwesten ausfranst, macht er Platz für weite, hügelige Kornfelder mit Obstbaum-Hainen und dicht bewaldete Täler, die von lustig dahinplätschernden Bächen durchzogen werden. Einer davon ist die Wilde Sau. Bitte um Entschuldigung – dieses Flüsschen heißt wirklich so.

Der alberne Name rührt nicht etwa von den hier durchaus vorkommenden Wildschweinen her, sondern er stammt vom slawischen »zawal«, das »sich hinwälzen« bedeutet und wohl direkt auf den Bach anspielt, der nicht immer so brav in seinem Bett bleibt: Er verhält sich hin und wieder wohl wirklich wie eine wilde Sau.

Das Saubachtal ist bei Weitem nicht das einzige Flusstal, das von den linkselbischen Höhen zwischen Wilsdruff und Lommatzsch hinabführt. Aber es ist zweifellos eines der schönsten. Wer sich in Klipphausen auf den Weg macht, läuft bis zur Mündung der Wilden Sau in Neu-Gauernitz etwa neun Kilometer stetig – mitunter sogar steil – bergab und ist dabei ganz nebenbei auf dem Sächsischen Jakobsweg unterwegs, erkennbar am Zeichen mit der Jakobsmuschel.

Auf alten Waldpfaden, holprigen Wirtschaftswegen und hin und wieder auch Asphalt geht es dem grünen und gelben Strich hinterher, wobei die Szenerie eindrucksvoll wechselt: von lieblichen Feldern, Streuobstwiesen und romantischen Blicken aufs gegenüberliegende Radebeuler Elbufer mit seinen Weinbergen hin zu feuchten Auenwäldern, wo kleinere Nebenflüsse in die Wilde Sau münden und sie wieder verlassen. Auf rundgespülten Steinen balanciert man über das kalte Wasser, beobachtet stolze Fischreiher, flinke Bachstelzen und winzige dahinflitzende Fischlein, tankt Landluft und passiert einige Mühlen, von denen die meisten inzwischen nur noch Ruinen sind. In der historischen Neudeckmühle wird zwar nicht mehr gemahlen, aber gebacken – das duftende Mühlenbrot direkt aus dem Ofen ist der beste Proviant.

Adresse Saubachtal zwischen Klipphausen bei Wilsdruff an der A4 und Neu-Gauernitz an der B6, 01665 Klipphausen | ÖPNV Bus 423, 428 nach Klipphausen, zurück nach Dresden-Cossebaude mit Bus 404 ab Gauernitz | Tipp Am schönsten wandert es sich in Begleitung, und da bieten sich die kuscheligen Alpakas der Saubachtal Alpakaranch an. Start der Touren ist in Klipphausen.

86__Das Schaubergwerk

Stein(kohle)reiches Freital

Spitz wie eine Zwergenmütze schaut der schmale Eingang zur Schaubergwerksanlage aus, und korpulentere Besucher sollten beim Eintreten vorsorglich den Bauch einziehen. Dahinter geht es hinab »unter Tage« – in eine Welt, die Freital einst zur Metropole machte.

Heute ist in Freital nicht mehr viel los. Aber noch vor wenigen Jahrzehnten war die Stadt, die sich südwestlich von Dresden entlang der Weißeritz erstreckt, von emsiger Geschäftigkeit und Wohlstand geprägt. Es stank, ratterte und krachte – denn hier gab es nicht nur die Stahlwerke und die Wismut zur Urangewinnung, sondern auch eine Menge Kohle, den wichtigsten Energieträger der industriellen Revolution.

Freital liegt auf einem riesigen Steinkohleflöz, dem Döhlener Becken. Hier wurde die erste Straßenbeleuchtung mit Gaslaternen installiert, die erste Elektrolok der Welt zog ihre Bahn, und das erste Gas aus Steinkohle wurde erzeugt. An die Zeit, als Kohle noch Wohlstand und nicht Klimakollaps verhieß, erinnern in Freital zahlreiche Industriedenkmale und ehemalige Schachteingänge.

Im Schloss Burgk hoch über dem Weißeritztal zeigt das Schaubergwerk – die ehemalige Tagesstrecke des Oberen Reviers Burgk, deren Mundloch seit 1971 verschlossen ist – sehr lebendig, wie es damals so zuging. Mit Schutzkleidung und Helm steigt man hinab in den kalten, niedrigen Stollen in 30 Metern Tiefe. Mit Hammer und Meißel schlugen die Bergleute hier die Steinkohle aus dem Fels. Das ging nicht immer gut; 1869 starben im nahen Segen-Gottes-Schacht 276 Menschen bei einer Methan-Explosion. Im angrenzenden Technikpark stehen ausrangierte Geräte, und sogar der Spielplatz Burgkania stimmt die Kleinen auf den Bergbau ein. Viele Freitaler Familien sind seit Generationen im Bergbau verwurzelt. Das Schaubergwerk präsentiert der jungen Generation die Geschichte ihrer Heimat. Darauf kann man stolz sein, auch wenn die Kohle fortan im Boden bleibt.

Adresse Altburgk 61, 01705 Freital | ÖPNV Bus 66 ab Dresden Hauptbahnhof, Haltestelle Freital Burgk Zschiedge, von dort circa 1 Kilometer zu Fuß auf Damms Weg | Öffnungszeiten nur im Rahmen von Führungen zugänglich; April – Okt. Di, Do 13.30 und 14.30 Uhr, erster So im Monat 11, 12, 13.30, 14.30 und 15.30 Uhr | Tipp Ein Blickfang ist der alte Förderturm auf der anderen Straßenseite. Er wurde allerdings erst nachträglich hierherversetzt, nachdem der Kohlebergbau im nahen Dresden-Gittersee Ende der 1960er Jahre eingestellt worden war.

87 Das Schillerhäuschen

Mini-Museum für einen großen Dichter

Das Loschwitzer Elbufer im Osten der Stadt ist geprägt von dörflich-romantischen Häusern, herrschaftlichen Sommervillen und wunderschönen Blicken aufs Elbtal. Der perfekte Ort, um zu dichten – das fand auch der deutsche Nationaldichter Friedrich Schiller.

1785, als Schiller zum ersten Mal nach Dresden kam, waren die Hänge am nördlichen Elbufer noch dicht mit Weinreben bestanden. Von der Reblaus, die binnen 20 Jahren fast alle Weinbaugebiete Dresdens zerstören würde, hatte noch keiner der Weinbauern gehört. Auch die verheerende »Sächsische Sintflut« von 1845, der viele Häuser in Loschwitz zum Opfer fielen, war noch fern, genauso wie der Bau des Blauen Wunders, das heute ein Wahrzeichen von Loschwitz und dem Dresdner Osten ist.

Der junge Friedrich Schiller stieß hier auf ein dörfliches Leben, das ihn offenbar sehr inspirierte. Von seinem Fan und Förderer Christian Gottfried Körner in dessen Sommerhaus nach Dresden eingeladen, zog er sich zum Schreiben angeblich in einen kleinen Gartenpavillon zurück. Dabei sollen unter anderem das Drama »Don Carlos« sowie der Text zur heutigen Europa-Hymne, der »Ode an die Freude«, entstanden sein. Schiller genoss seine Zeit in Dresden so sehr, dass er hier zum Schriftstellerleben zurückfand, das er zuvor bereits an den Nagel hängen wollte. Die »Ode an die Freude« widmete er deshalb seinem Freund und besuchte Körner später noch mehrmals in Dresden.

Ob es das Weinberghäuschen zur Zeit von Schillers Besuch überhaupt schon gab und, wenn ja, ob der Dichter selbst drin war, darüber streiten heute die Experten. Womöglich deklarierten es Romantiker erst im Nachhinein zu Schillers Dichtersitz, seit 1855 schmückt jedenfalls eine Gedenkplakette das Gebäude. Fakt ist, dass das Schillerhäuschen schon Mitte des 19. Jahrhunderts zum Museum wurde und bis heute das kleinste Museum Dresdens ist.

Adresse Schillerstraße 19, 01326 Dresden-Loschwitz | ÖPNV Bus 61, 63, 84, Haltestelle Körnerplatz | Öffnungszeiten Sa, So 10 – 17 Uhr; Eintritt frei | Tipp Die andere Seite der Schillerstraße, die hinter der Gartenmauer entlangführt, schmückt das Schiller-Körner-Denkmal. Hier erinnert ein Relief an Schillers letzten Besuch im Jahr 1801, bei dem er Körners Sohn Theodor inspirierte, später im Krieg gegen Napoleon zu kämpfen – was für den jungen Mann tödlich endete.

88 Das Schlüsselloch

Rätselhafter Ausblick an der Mordgrundbrücke

Das lichte Mischwald-Grün in den Randbereichen der Dresdner Heide wirkt wenig bedrohlich. Umso seltsamer erscheint der gruselige Name des Mordgrunds. Versteckt zwischen hoch aufragenden Buchen warten hier Zeugnisse vergangener Zeiten und schöne Ausblicke.

Schon vor 270 Jahren nutzten die Dresdner den Heiderand entlang der Bautzner Straße wegen seiner guten Aussicht auf die Stadt – damals wurde die Napoleonschanze angelegt, die dem kleinen französischen Kaiser 1813 in der Schlacht um Dresden als Beobachtungsposten diente. Preußenkönig Friedrich der Große legte von hier oben aus Dresden mit seinen Kanonen in Schutt und Asche. Der gruselige Name des Mordgrunds stammt aber aus noch viel früherer Zeit: Er soll an ein Liebespaar erinnern, das hier 1299 lieber den gemeinsamen Freitod wählte, als sich durch die Zwangsheirat der jungen Frau voneinander trennen zu lassen.

Steigt man von der Mordgrundbrücke durch den tief eingeschnittenen Mordgrund entlang des Mordgrundwassers stetig bergan in Richtung Weißer Hirsch, gelangt man bald an das schön eingefasste Becken der Teichgrundquelle, die 1926 beim Bau einer – festhalten – Skisprungschanze zutage trat. Da sieht man den Wald auf einmal mit ganz anderen Augen …

Ein kleines Stück hangaufwärts findet sich zwischen Buschwerk und jungen Bäumen ein weiterer seltsamer Aussichtspunkt: Von einer kniehohen Mauer umgeben, öffnet sich eine Art Altan, der allerdings nur den wenig spektakulären Blick in den Stechgrund erlaubt. Schaut man von oben auf das steinerne Bauwerk, fällt einem wie Schuppen von den Augen, woher das Schlüsselloch seinen Namen hat. Wer diese Aussichtsplattform errichtet hat und warum sie diese Form erhalten sollte, ist unbekannt – erstaunlich, denn ansonsten ist dieser Randbereich der Dresdner Heide reich mit Infotafeln bestückt, die auf historische Bauwerke und Naturdenkmale hinweisen.

Adresse Teichgrundquelle im Mordgrund, 01324 Dresden-Weißer Hirsch | ÖPNV Straßenbahn 11, Haltestelle Mordgrundbrücke; am Mordgrundwasser entlang zum Dr.-Lahmann-Park | Tipp Einige hundert Meter südlich des Schlüssellochs wartet ebenfalls ein spannender Zeuge der Geschichte: Im Steinbruch an der Mordgrundbrücke finden sich die vergitterten Eingänge zu einem Ausweich-Führungsbunker der Dresdner SS.

89 Die Schmorsdorfer Linde

Auf Clara Schumanns Spuren

Niemand weiß genau, wie alt die mächtige Sommerlinde ist, die am Dorfanger von Schmorsdorf wächst. Von 500 bis 800 Jahren reichen die Schätzungen, sie sah wohl schon die Schlachten des Dreißigjährigen Krieges toben. Den Blick von der Bank am Fuß der Linde, der bis in die Sächsische Schweiz reicht, genoss auch die Pianistin Clara Schumann – ihr ist das winzige Lindenmuseum gewidmet.

Clara Schumann war mit ihrem Mann, dem Komponisten Robert Schumann, häufig Sommergast im einige Kilometer südlich gelegenen Maxen. Das dortige Schloss war Mitte des 19. Jahrhunderts ein Künstlertreff und bot Erholung für das Paar, das ein sehr emanzipiertes Leben führte. Auf die Heirat gegen den Willen des Vaters, die Clara vor Gericht durchsetzen ließ, folgte eine Ehe, in der sie mit ihren Konzertreisen für Einkünfte sorgte, während Robert komponierte – und die Anerkennung einheimste. Erst in den 1960er Jahren entdeckte man Clara Schumann als Künstlerin wieder, sie schaffte es sogar auf den 100-DM-Schein.

Das erste und einzige Clara-Schumann-Museum Deutschlands gibt es seit 2006, und zwar passenderweise neben der Schmorsdorfer Linde. Einst maß die stolze Linde 44 Meter, Schneestürme und das Alter haben ihre Krone ausgedünnt und sie auf 24 Meter reduziert. 1997 kürzte man ihre Baumkrone vorsichtshalber, um ein Entzweibrechen des hohlen Stamms zu verhindern, in dem locker eine ganze Familie Platz findet. Dieselbe Zahl an Menschen passt vermutlich ins »Lindenmuseum Clara Schumann«: Ein winziges ehemaliges Spritzenhaus mit einer Grundfläche von knapp sieben Quadratmetern zeigt vier Informationstafeln über die Linde und das Leben und Wirken von Clara und Robert Schumann.

Wer am Wochenende ohne Auto anreist, der kann (beziehungsweise muss) einige Kilometer auf dem Clara-Schumann-Weg von Maxen nach Schmorsdorf laufen. Der Panoramablick auf Dresden und das Erzgebirgsvorland ist es wert!

Adresse Schmorsdorf 2, 01809 Müglitztal | **ÖPNV** unter der Woche Bus 202 ab Heidenau bis Haltestelle Schmorsdorf Linden, am Wochenende RB 72 ab Heidenau bis Bahnhof Burghardswalde-Maxen | **Öffnungszeiten** Clara-Schumann-Museum rund um die Uhr kostenlos zugänglich | **Tipp** Als 1759 im Siebenjährigen Krieg die Österreicher Napoleon besiegten, war die Linde schon über 100 Jahre alt. Ein 4,50 Meter langes Diorama aus Hunderten von Zinnsoldaten stellt die legendäre »Winterschlacht« in einem Schaukasten an der Wand des Grundstücks Nummer 7 gleich neben der Linde nach.

90_Die Seufzerbrücke

Herrlich hässlich

Der Beiname »Elbflorenz« genügte wohl nicht für die Barockstadt Dresden. Auch die Sehnsuchtsstadt Venedig musste als Vergleich herhalten, um den historischen Stadtkern angemessen bombastisch zu beschreiben. Der klangvoll-romantische Beiname für den Übergang vom Residenzschloss in die Katholische Hofkirche ist allerdings – typisch für die allzeit meckernden Dresdner – nicht aus Bewunderung, sondern aus Missfallen entstanden.

Das Residenzschloss ist eines der ältesten Gebäude Dresdens. Bereits um 1220 ließ der Burggraf von Dohna an dieser Stelle eine Burg errichten. Wilhelm der Einäugige machte sie zur fürstlichen Residenz, und seine Nachfolger, die Wettiner, fügten im Laufe der Jahrhunderte Gebäude um Gebäude an. Heute gilt das Residenzschloss als eines der bedeutendsten Renaissancebauwerke Deutschlands. Als seine Fassade 1899 im Neorenaissance-Stil neu gestaltet wurde, hielten sich die Dresdner allerdings mit Kritik nicht zurück. Der Spottname »Seufzerbrücke« zeigt mit feinem Humor an, dass man von der Architektur des Übergangs nicht viel hielt. Dabei sind die Ornamente an der Stahlkonstruktion sogar bewusst vom venezianischen Vorbild inspiriert, der Name ist also nicht völlig aus der Luft gegriffen.

Einen einfacheren Übergang aus Holz hatte schon der sächsische Kurfürst August der Starke genutzt. Sein Griff nach der polnischen Krone hatte einen rein machtpolitisch motivierten Übertritt zum Katholizismus notwendig gemacht. In einer durchweg protestantischen Stadt musste er seinem neuen Glauben allerdings sehr dezent folgen, er ließ sich dafür auf eigene Kosten eine katholische Kirche errichten.

Nach 1945 fristete die Seufzerbrücke ein Dasein als baufällige Ruine, erst 2005 wurde sie restauriert. Seit 2007 heißt die bis dahin namenlose Gasse unter dem Übergang Chiaverigasse, zu Ehren des Baumeisters der Hofkirche.

Adresse Chiaverigasse, Zugang über Georgenplatz oder Sophienstraße, 01067 Dresden-Innere Altstadt | ÖPNV Straßenbahn 4, 8, 9, Haltestelle Theaterplatz | Tipp Wenn die Möglichkeit besteht, sollte man unbedingt den 100 Meter hohen Hausmannsturm an der Nordwestecke des Residenzschlosses besteigen. Der Blick vom nach wie vor höchsten Bauwerk der Innenstadt ist beeindruckend.

91_Das Standesamt

Schöner Ja sagen an der Goetheallee

Die Goetheallee im mondänen Viertel Blasewitz ziert ein regelrechtes Spalier der schönsten Villen Dresdens. Die gesamte Straße steht unter Denkmalschutz, bei einem Spaziergang kommt man aus dem Staunen über Türmchen, Erker und Jugendstil-Fresken nicht heraus. Die Krönung ist die Villa Weigang am östlichen Ende der Straße: ein traumhafter Ort zum Heiraten.

Im Stadtteil Blasewitz lebten seit jeher die betuchten Dresdner Händler und Fabrikanten. Auch wenn sie keine Adligen waren, bauten sie gern fürstliche Wohnsitze für ihre Familien, die den Krieg oft unbeschadet überstanden. Ihren Besitzern erging es in der Regel weniger gut, spätestens der Sozialismus vertrieb die meisten Eigentümer. Die Villa Weigang, Baujahr 1895, verfiel in den 40 Jahren DDR-Zeit wie viele ihrer Nachbarvillen an der Goetheallee langsam vor sich hin. Die Wende kam gerade noch rechtzeitig, um ihren Einsturz aufzuhalten.

Seit 1994 geben sich die Dresdner hier wieder das Jawort. Für die behutsame Sanierung, bei der ganze Gebäudeteile neu errichtet werden mussten, erhielt die Villa 2013 den Hochzeits-Award des Bundesverbands der deutschen Standesbeamten – ja, auch solche Preise gibt's! Fast noch schöner als die Villa ist der gepflegte kleine Park, der sie umgibt.

Die meisten Ja-Sagenden sind so aufgeregt, dass sie die vergoldeten Stuckdecken und die holzvertäfelten Wände in den beiden Trauräumen kaum beachten. Erst draußen auf der Freitreppe, im Regen von Blüten und Reis – bitte nicht, sagt das Standesamt –, entspannt man sich wieder. Wer einen Blick für die Inschrift über der Treppe übrig hat, der liest: »Beatus Ille Qui Procul Negotiis«. Übersetzt: »Glücklich, wer fern von den Geschäften weilt.« Wenn der Brautstrauß hoch in die Luft fliegt, die Brautjungfern jubeln und die Kameras klicken, würde diesen Spruch wohl jeder der Gäste unterschreiben.

Adresse Goetheallee 55, 01309 Dresden-Blasewitz, Tel. 0351/4888806 | ÖPNV Straßenbahn 6, 12, Bus 61, 62, 63, 65, 68, Haltestelle Schillerplatz | Öffnungszeiten Mo, Di, Do 9–12 und 13–17 Uhr | Tipp Tritt man aus dem Park der Villa ans Elbufer und schaut auf die gegenüberliegende Seite des Flusses, erheben sich dort das Lingnerschloss und das Schloss Albrechtsberg aus den Weinbergen: zwei weitere märchenhafte Orte, an denen man in Dresden heiraten kann.

92 Die Straße E

Stadtrand als Zentrum

Offiziell heißt die kurze Straße im Dresdner Norden Werner-Hartmann-Straße. Aber keiner der feierwütigen Clubgänger, die man des Nachts hier oben antrifft, wird das wissen – wohingegen jeder Mensch unter 50 in Dresden die »Straße E« kennt. Hier wird gefeiert, bis es hell wird.

Die knallroten Ziegelmauern von »Bunker« und »Reithalle« stehen schon seit mehr als 100 Jahren in der Albertstadt. Ursprünglich waren sie als Stallungen (daher der Name) für die Pferde der Königlich-Sächsischen Kavallerie vorgesehen. Stattdessen wurden die Gebäude im Ersten Weltkrieg für Rüstungsanlagen gebraucht und dann zivil weitergenutzt, etwa als Baumwollspinnerei – damals erhielt das Areal seinen heutigen Namen »Industriegelände«.

Die schweren Stahltüren und Lüftungsrohre des Bunkers, der im Zweiten Weltkrieg die Arbeiter der Spinnerei vor Luftangriffen schützen sollte, blieben erhalten. Nach der Wende wurden sie von ein paar Jugendlichen kreativ umgenutzt. Bis heute hat der Techno- und Gothic-Club »Bunker« seinen Namen und sein Ambiente behalten. Die goldenen Nachwende-Tage der illegalen Raves und Drogenexzesse sind vorbei; heute geht es auf der schick sanierten Straße E deutlich braver zu, wenn Partygänger unter 18 mit »Muttizettel« zum Abhotten kommen. Musiker wie Fritz Kalkbrenner, Kollegah und Deine Lakaien haben die Straße E in den Mittelpunkt der Dresdner Kulturszene gerückt. Davon profitieren auch zahlreiche kleinere Künstler, die im ebenso großen benachbarten »Sektor (R)Evolution« proben und auftreten – wenn dort nicht ebenfalls Technopartys steigen.

Auch wenn man wenig fürs Nachtschwärmen übrig hat, lohnt sich ein Besuch im Industriegelände. Die Hallen entlang der Straße E werden tagsüber oft für Ausstellungen und andere Veranstaltungen genutzt. Bei diesen Gelegenheiten steigt der Altersdurchschnitt dann deutlich.

Adresse Werner-Hartmann-Straße 2 (Straße E), An der Eisenbahn 2 (Sektor Evolution), 01099 Dresden-Äußere Neustadt | ÖPNV Straßenbahn 7, 8, S2, Haltestelle Industriegelände | Tipp Gleich angrenzend lockt der idyllische Prießnitzgrund, der nach Süden in die Neustadt zurückführt und nach Norden in die Dresdner Heide übergeht. Auf der anderen Seite der Königsbrücker Straße liegt die Hellersiedlung Nord, die größte Kleingartenanlage Ostdeutschlands.

93_Die Streuobstwiesen

Paradies für Selbstversorger

Rund um Dresden wachsen herrlich viele Streuobstwiesen, vor allem im Schönfelder Hochland nördlich von Bühlau und in den gebirgigen Tälern im Süden der Stadt. Aber auch wer nicht so weit fahren kann oder mag, ist während des Sommers bestens mit Pflückobst versorgt: Ein Biotop aus Kirsch-, Pflaumen- und Birnbäumen wartet direkt in der Stadtmitte am Johannstädter Elbufer.

Die Jahrhundertflut von 2002 überschwemmte die elbnahen Stadtgebiete komplett. Darunter war auch die Kleingartenanlage am Johannstädter Elbufer. Für die hölzernen Lauben und die Gemüsebeete gab es keine Rettung. Die knorrigen Obstbäume aber blieben stehen. Auch nach der Aufgabe der Gärten durch ihre Besitzer wuchsen sie weiter und bilden heute eine von zwei offiziellen Streuobstwiesen, die in der Johannstadt nebeneinanderliegen. Die andere Baumkolonie ist eine Art Wiedergutmachung: Sie wurde neben dem Hubschrauberlandeplatz des Uniklinikums gepflanzt, für den ein Stück der Elbauen weggenommen werden musste.

Menschen, die auf dem Elberadweg vorbeiradeln, steigen hier oft spontan staunend ab und wandern lächelnd ins hohe Gras – verzaubert vom weiß-rosafarbenen Blütenregen oder von den verlockend saftigen Kirschen und Pflaumen, von den sanften Wiesen voller wild blühender Blumen zwischen den knorrigen Stämmen und ganz allgemein von der ländlichen Idylle, die nur wenige Meter entfernt von den Hochhauszeilen am Käthe-Kollwitz-Ufer liegt.

Obst für den eigenen Bedarf zu pflücken, ist ausdrücklich erlaubt. Vor allem dienen diese Biotope aber dem Naturschutz in der Stadt. Seltene und vom Aussterben bedrohte Schmetterlinge, Käfer und Fledermäuse fühlen sich im hohen Gras wohl, Singvögel finden hier endlich wieder genügend Futter und Ruhe vor dem Verkehrslärm. Den Menschen, die auf Picknickdecken unter den Bäumen sitzen, geht es ähnlich gut, das sieht man ihnen an.

Adresse zwischen Johannstädter Fährgarten und Waldschlösschenbrücke, Käthe-Kollwitz-Ufer, 01307 Dresden-Johannstadt | ÖPNV Bus 64, Haltestelle Käthe-Kollwitz-Ufer; Bus 62, Haltestelle Pfeifferhannsstraße; alternativ Elbfähre »Johanna« vom Neustädter Elbufer (Anschluss zum Beispiel für Straßenbahn 11, Haltestelle Diakonissenkrankenhaus) | Tipp Nach Osten gehen die Streuobstwiesen in ein Flächennaturdenkmal über. Die bis zur Hüfte reichenden Halme der grün wogenden Glatthaferwiese bieten Schutz und Heimat für brütende Rebhühner und viele andere Kleintiere.

94 Das Stuhlbaumuseum

Bitte Platz nehmen!

Heute liegen die Straßen des Örtchens Rabenau werktags still da –, die meisten der Einwohner pendeln zum Lernen oder Arbeiten ins nahe Freital oder gleich 20 Kilometer weiter nach Dresden. Vor 130 Jahren sah das ganz anders aus. Damals erklang an Wochentagen aus fast jedem Haus der Lärm von Sägen, Hämmern und Hobeln. Das kleine Rabenau blickt auf eine Tradition zurück, die jeder kennt und von der doch kaum jemand weiß: Es war einst das Zentrum des deutschen Stuhlbaus.

Auf die 400-jährige handwerkliche Vergangenheit ist man verständlicherweise stolz in Rabenau, daher findet sich der Hinweis auf die Stuhlbaugeschichte an jeder Ecke – man muss ihn nur lesen können. Sei es auf dem neu gestalteten Erlebnisweg »Sagenhafter Mühlberg«, der vom Bahnhof der historischen Weißeritztalbahn aus dem Rabenauer Grund zur Oberstadt führt, oder am Stuhlbrunnen auf dem Marktplatz, wo in Blickweite das Stuhlbaumuseum eingerichtet wurde.

Dort wartet im historischen Kreuzgewölbe einer alten Burganlage ein Schatz an Informationen rund um den Stuhlbau. Man erfährt, wie viele unterschiedliche Gewerke an der Herstellung eines Stuhls beteiligt sind, wirft dann einen Blick in die historische Werkstatt des Stuhlbaumeisters Kurt Aehlig, wie sie zu Anfang des 20. Jahrhunderts aussah, und kann Design-Entwürfe für Stuhlmodelle aus über 100 Jahren bewundern. Das Stuhlbau-Museum ist dabei keineswegs eine neue Idee: Schon 1886 wurden die Rabenauer zum Sammeln von interessanten Objekten für eine Heimatsammlung aufgerufen. 1931 wurde diese Selfmade-Sammlung auf dem Dachboden der örtlichen Schule eröffnet. In seine heutigen Räume lädt das Stuhlbaumuseum seit 1978 ein.

Die Geschichte des Stuhlbaus in Rabenau ist übrigens alles andere als vorbei: Auch heute kann man handgefertigte Stühle aus Rabenau kaufen – sogar im renommierten Manufactum-Katalog.

Adresse Lindenstraße 2, 01734 Rabenau | ÖPNV Weißeritztalbahn ab Freital, Haltestelle Bahnhof Rabenau, von dort 800 Meter zu Fuß auf dem »Sagenhaften Mühlberg« (markiert) | Öffnungszeiten Di – Do 9 – 16 Uhr, Fr 9 – 14 Uhr, So 13 – 17 Uhr oder nach Voranmeldung unter Tel 0351/641611 (dann auch Mo oder Sa) | Tipp Die jüngsten Besucher des Stuhlbaumuseums wissen wahrscheinlich am besten Bescheid – denn auch im nahe gelegenen Freizeitpark Oskarshausen in Freital-Burgk informiert das nach dem Stuhlbauer Oskar Morgenstern benannte Maskottchen über die Stuhlbau-Geschichte in der Region.

95 Der Superman

Breaking Barock

In dem sorgsam restaurierten kopfsteingepflasterten Gassengewirr zwischen der mondänen Königstraße und der Hauptstraße geht es betulich-betucht, sorgsam kuratiert und coiffiert zu – bis der Spaziergang zur Galerie von Holger John führt.

Was den gebürtigen Sachsen-Anhaltiner, der seine Kindheit auf der Ostsee-Insel Usedom verbrachte, nach Dresden verschlug, ist nicht bekannt. Es scheint ihm aber hier gefallen zu haben, denn er ist geblieben. Seit 1988 als Student an der Hochschule für Bildende Künste aktiv, war Holger John auch nach der Wende als Dozent und Assistent des Ausnahmekünstlers Jörg Immendorff hier tätig. Er organisierte für die Staatlichen Kunstsammlungen Ausstellungen von Kunst-Stars wie Georg Baselitz und Gerhard Richter, aber auch für Till Lindemann, den berühmt-berüchtigten Frontmann der Band Rammstein.

In seiner Galerie im Barockviertel zeigt der Galerist seit 2013 ungewöhnliche, aufregende, andere Kunst – von internationalen Künstlern, aber auch von sich selbst. Entscheidend sind für Holger John nicht Namen, sondern Themen; und Humor spielt immer eine Rolle, mal laut, mal leise.

Das illustriert am allerbesten der knallbunte Superman, der vor der Eingangstür von Johns Galerie mit Karacho in den Boden rast. Als perfekter Blickfang sorgt er zuverlässig für kichernde Passanten, die das Bild per Instagram auf der ganzen Welt verbreiten. Der Superman stammt allerdings nicht von John, sondern von Marcus Wittmers und heißt eigentlich »Auch Helden haben schlechte Tage«. Als Dauergast steht die überlebensgroße Plastikfigur seit 2018 hier, als John die Pop-Art-Ausstellung »Die Unbegabten« mit Werken von Warhol, Lichtenstein und Haring eröffnete. Der tragische Superheld durfte auch nach dem Ende der Ausstellung bleiben und die Dresdner zum Lachen bringen, die viel zu klug sind, um auf einen strahlenden Retter zu warten.

Adresse Rähnitzgasse 17, 01097 Dresden-Neustadt | **ÖPNV** Straßenbahn 4, 8, 9, Haltestelle Neustädter Markt; Straßenbahn 3, 6, 7, 8, 11, Haltestelle Albertplatz | **Öffnungszeiten** Galerie Holger John: Di – So 14 – 19 Uhr | **Tipp** Gleich um die Ecke, auf der Hauptstraße, gibt's noch mehr Kunst. Mehrere Galerien zeigen hier Zeitgenössisches, und jeden Juni findet in der Fußgängerzone der »Schaubudensommer« statt: ein Kleinkunstfestival der besonderen Art.

96_Das Thalia-Kino

Kino wie in den goldenen Zeiten

Was machen die Dresdner am liebsten? Sie gehen ins Kino. Das stimmt wirklich. Gemessen an seiner Einwohnerzahl hat Dresden die meisten Kinoplätze Deutschlands. Vor der Coronapandemie wurden jedes Jahr mehr als zwei Millionen Kinokarten verkauft. Bei nicht einmal 500.000 Einwohnern kann man sich die Frequenz ausrechnen.

Die wahrhaft goldenen Zeiten des Kinos herrschten in Dresden allerdings vor dem Zweiten Weltkrieg. Damals strömten die Menschen in Scharen in die eleganten Filmpaläste, etwa in das 1908 errichtete »Tonbildtheater« an der Prager Straße oder das »Olympia« am Altmarkt. Allein auf der verlängerten Prager Straße, der heutigen Einkaufsmeile zwischen Hauptbahnhof und Postplatz, befanden sich damals ganze sieben Kinos, darunter ein riesiger Filmpalast mit über 1.000 Plätzen.

In den anderen Dresdner Stadtteilen gab es eine Vielzahl von kleineren Ladenkinos, die oft in leer stehende Geschäfte oder Ballsäle einzogen. Den Zweiten Weltkrieg, die DDR und die Wendezeit überdauerten nur wenige von ihnen. Bekannte Überlebenskünstler waren das inzwischen geschlossene »Casablanca« in der Äußeren Neustadt oder das ebenfalls nicht mehr existierende »Kino in der Fabrik« in Löbtau, das die Räume eines Theaters weiternutzte.

An diese lange Tradition erinnert heute nur noch das »Thalia«, das seit 2004 im ehemaligen Gebäude des »Tymians Thalia Theaters« ein ausgesuchtes und preisgekröntes Programm zeigt. Aus dem 700 Sitze fassenden Saal im Hof des sachsenweit bekannten Varieté-Theaters wurde ein gemütliches Kino mit 75 Plätzen, schummriger Bar und Biergarten im Hof. Bis 2008 durfte im Saal noch geraucht werden; daher der Name »Cinema, Coffee and Cigarettes«, aus dem inzwischen »Coffee and Cycling« wurde. Man muss mit der Zeit gehen, sonst geht man mit der Zeit – diese Lektion hat dem winzigen »Thalia« einen festen Platz in der Dresdner Kinolandschaft gesichert.

Adresse Görlitzer Straße 6, 01099 Dresden-Neustadt, www.thalia-dresden.de | **ÖPNV** Straßenbahn 13, Haltestelle Görlitzer Straße/Nordbad | **Öffnungszeiten** täglich mindestens drei Vorstellungen ab circa 18 Uhr, Programm siehe Website | **Tipp** Ein Varieté-Theater gibt es in der Neustadt immer noch oder eher wieder. Das »Carte Blanche« an der Prießnitzstraße verzaubert seit 2003 sein Publikum mit Glitter und Glamour.

97 Der Tierfriedhof

Letzte Ruhestätte für vierbeinige Freunde

Die meisten Haustiere werden nach ihrem Tod vom Tierarzt dezent »entsorgt« – eine ziemlich würdelose Angelegenheit. Wer das Glück hat, ein eigenes Grundstück zu besitzen, der lässt seinen geliebten Vierbeiner im Krematorium einäschern und vergräbt die Urne im Garten. Ohne eigenen Garten hat man leider Pech. Tierkörper dürfen laut Gesetz nämlich nicht einfach so im Wald beerdigt werden. Was mit einem Kaninchen noch ginge, wird bei einer Deutschen Dogge allzu auffällig.

Für trauernde Tierbesitzer in Dresden gibt es seit 1998 einen offiziellen Tierfriedhof. Er ist im Prinzip nicht mehr als eine schlichte, von Sträuchern und Bäumen bestandene Fläche, etwa fußballfeldgroß, dahinter erstrecken sich die weiten Felder von Mobschatz. Keine Sorge: Gedanken an den Gruselfilm »Friedhof der Kuscheltiere« kommen auf dem Dresdner Tierfriedhof nicht auf, ganz im Gegenteil. Alles wirkt sehr friedlich, zwischen den liebevoll selbst gestalteten Steinen mit Namensaufschriften von Bello bis Zoe leuchten Grabkerzen und wuchern Blumen.

Eine offizielle Zählung gibt es nicht, doch bis heute wurden über 200 Grabstellen angelegt. Vom Kaninchen bis zum Schäferhund ist alles erlaubt. Angeblich liegt dort, wo der Boden etwas abgesenkt ist, sogar ein Pferd begraben. Ronny Petz, der den Tierfriedhof 2020 übernommen hat, pflegt die Gräberfläche ehrenamtlich, eigentlich ist er Hausmeister und Förster. Daher ist der Friedhof auf rege Hände angewiesen. Schnell wächst das Gras hier über die Gräber, und das Herbstlaub deckt bald alles zu, wenn niemand anpackt.

Viele trauernde Haustierbesitzer kommen regelmäßig zur Grabpflege her und sitzen dann stundenlang auf eigens aufgestellten Bänken und Gartenstühlen. Sie erinnern sich an ihre Lieblinge, bringen neue Fotos an und tauschen sich mit anderen Besuchern aus. Und einige finden im benachbarten Tierheim sogar einen neuen Vierbeiner zum Liebhaben.

Adresse Zum Tierheim 10, 01157 Dresden-Stetzsch | **ÖPNV** Bus 68, Haltestelle Podemusstraße; Regionalzüge ab Hauptbahnhof, Haltestelle Bahnhof Stetzsch | **Öffnungszeiten** nach Vereinbarung unter Tel. 0172/9900838 | **Tipp** Eine andere Beisetzungsmöglichkeit bietet der Heidefriedhof im Dresdner Norden. Dort kann man sich am »Teich der Erinnerung« gemeinsam mit dem geliebten Vierbeiner begraben lassen – allerdings nur in Urnenform.

98 Die Treidelringe

Ein Ring, sie zu ziehen …

Noch bis zum Anfang des 19. Jahrhunderts wusste jedes Kind in Dresden, was ein Bomätscher ist. Immerhin hing von diesem wichtigen Berufsstand die Wirtschaft ganzer Stadtteile ab. Die Erfindung der Dampfmaschine bedeutete das Aus für die knochenharte Arbeit – zurück blieben nur die Treidelpfade aus Sandstein am Elbufer, geschmückt mit schweren eisernen Ringen.

Das Treideln von Schiffen ist beileibe keine Dresdner Spezialität, es war auf nahezu jedem Fluss üblich und notwendig, bevor sich Lastkähne und andere Schiffe ohne günstigen Wind per Motorkraft gegen die Strömung stemmen konnten. In Dresden hießen die Männer, deren tägliche Arbeit es war, schwere Lastkähne an dicken Seilen stromaufwärts zu bewegen, jedoch nicht Treidler, sondern Bomätscher. Der längst ausgestorbene Beruf prägt die Dresdner Elbufer bis heute: Von Pillnitz bis nach Übigau sind die mit Sandstein befestigten Uferpfade erhalten geblieben, auf denen die Bomätscher einst singend und schwitzend an ihren Seilen zogen.

Die Errichtung dieser Pfade war 1821 von den damals sieben Elb-Anrainerstaaten vertraglich festgelegt worden und stellte eine deutliche Verbesserung der Arbeitsbedingungen dar. Bitter, dass schon um 1850 die aufkommende Dampfschifffahrt all die Mühe überflüssig machte – weder Bomätscher noch Treidelpfade wurden fortan mehr gebraucht.

Ein Geheimnis bleibt jedoch weiterhin der Verwendungszweck der etwa tellergroßen, daumendicken Metallringe, die in unregelmäßigen Abständen die Treidelpfade zieren. Bis nach Hamburg soll die Elbe von mehr als 800 Exemplaren gesäumt sein. Vertäuten die Bomätscher hier die Schiffe, während sie verschnauften? Markieren die Ringe alte Fähranlegestellen? Für Spaziergänger sind sie heute vor allem Stolperfallen im Gras – aber auch spannende Fotospots und Sammelobjekte. Wer Insider-Informationen hat, der melde sich gern bei der Autorin!

Adresse überall am Elbufer, zum Beispiel zwischen 01326 Dresden-Pillnitz und Hosterwitz, zwischen dem Fähranleger 01097 Dresden-Neustadt und der Carolabrücke, zwischen dem Pieschener Winkel und 01139 Dresden-Übigau | Tipp Ein Sandstein-Fries des Bildhauers Edmund Moeller auf dem Neustädter Elbufer unterhalb der Albertbrücke zeigt die Bomätscher bei ihrer schweren Arbeit.

99 Der Triebenberg

Mount Dresden

Dresden liegt am Elbufer in einem weiten Talkessel, gerade mal 113 Meter über dem Meeresspiegel. Die randwärtigen Stadtteile dehnen sich allerdings deutlich weiter oben aus, wie Fahrradfahrer schnaufend feststellen, wenn sie auf den Weißen Hirsch oder nach Plauen wollen –, eine solche Tour überlegt man sich dreimal. Wo sich Dresdens höchste Erhebung befindet, ist selbst den sportlichsten Stadtbewohnern hingegen unbekannt.

Wir lösen gleich auf: Beim »Mount Dresden« handelt es sich um den Triebenberg im Schönfelder Hochland. Er ragt 383 Meter über Normalnull auf, was angesichts der umliegenden Weißiger Höhenzüge nur eine sanfte Kuppe ergibt. Dieser Umstand hindert die Menschen der Umgebung jedoch nicht daran, die Felder an den Hängen des Triebenbergs im Winter juchzend in Rodel- und Skipisten zu verwandeln. Im Sommer genießt man den weiten Blick über das Dresdner Elbtal.

Die Alteingesessenen kennen sich ausnahmsweise mal nicht besser aus, denn zu DDR-Zeiten hieß es: Betreten verboten! Hier stand ein Militärposten der Sowjetarmee. In die Gebäude zog 2007 die TU Dresden ein und betrieb bis 2017 das Lohrmann-Observatorium, das die Flugbahn von Asteroiden verfolgte und Exoplaneten vermaß. Heute steht alles leer. Allein ist man hier oben dennoch selten, denn der Triebenberg-Ausblick lässt sich perfekt mit vielen schönen Zielen in der Umgebung kombinieren, vom mondänen Schloss Pillnitz an der Elbe bis zum hübschen Wasserschloss in Schönfeld oder der Meixmühle im verwunschenen Friedrichsgrund.

Auch abends ist man hier selten der einzige Besucher: Wer den knappen Kilometer mit sanfter Steigung vom nächstgelegenen Wanderparkplatz geschafft hat, der wird mit einem herrlichen Rundumblick belohnt – im Westen liegt die Stadt, im Südosten erkennt man die Tafelberge der Sächsischen Schweiz und weiter hinten die Ausläufer des Osterzgebirges. Der Sonnenuntergang ist herrlich!

Adresse im Schönfelder Hochland zwischen Eschdorf und Zaschendorf, 01328 Dresden | ÖPNV Bus 228 von Dresden-Bühlau (Ullersdorfer Platz) Richtung Eschdorf, Haltestelle Zum Triebenberg, noch 1,4 Kilometer Fußweg; alternativ mit Pkw oder Rad von Pillnitz über Hochlandstraße/Zum Triebenberg bis zum Wanderparkplatz | Tipp Zum Aufwärmen nach dem Wandern oder Rodeln empfiehlt sich ein Besuch im Windmüllerhaus, das kurz vor dem Wanderparkplatz liegt. Der Platz im höchstgelegenen Café Dresdens ist knapp, aber es ist sehr gemütlich!

100_Der Übigauer Uferkran

Industrieruhm im Dornröschenschlaf

Wer heute durch Übigau läuft, der will kaum glauben, dass hier, in den kopfsteingepflasterten Gassen und hinter den Fachwerkhäusern, vor 100 Jahren eine der größten Binnenwerften Europas angesiedelt war. An die Glorie vergangener Zeiten erinnert heute nur noch der Übigauer Uferkran.

Mit der Hilfe des Hebekrans wurden in der Schiffsbauversuchsanstalt tonnenschwere Motoren in die Schiffsrümpfe gehoben, erst manuell, dann elektrisch. Die Anstalt hatte leuchtende Vorbilder: Bereits 1838 war in Übigau die »Saxonia« entstanden, die erste funktionierende deutsche Dampflokomotive, erfunden vom Hochschulprofessor Andreas Schubert. Und das erste dampfbetriebene sächsische Personenschiff, die »Königin Maria«, lief bereits ein Jahr zuvor hier am Elbufer vom Stapel.

Damals boomte auf Elbe und Saale die Kettenschifffahrt. Ein Schleppschiff zog mehrere Kähne an einer Kette, die fest im Fluss lag. Auf diese Weise mussten die Schiffe nicht mehr von den schuftenden Treidlern gezogen werden, deren gepflasterte Treidelpfade man bis heute an beiden Elbufern findet.

Die Übigauer Werft arbeitete eng mit den Wissenschaftlern der TU Dresden zusammen. Man erprobte hier die technischen Neuerungen und testete Prototypen in einem eigenen Wasserbecken. 1.500 Angestellte bauten mehr als 1.300 Schiffe, bis die Anlage 1930 im Zuge der Weltwirtschaftskrise Konkurs anmelden musste. Seit 1958 werden in Übigau keine Schiffe mehr gefertigt, das letzte große Projekt war der erste Eisbrecher der DDR, die »Hohensaaten«. Noch sind einige der alten Fabrikhallen erhalten, aber sie sind verfallen und nicht betretbar. Der eiserne Uferkran hingegen, obgleich ohne Elektrizität nicht mehr betriebstüchtig, ist ein toller Blickfang und wird von waghalsigen Teenagern für Mutproben genutzt. Er ist ein Wahrzeichen von Übigau, das seit dem Ende der Werft in einem immerwährenden Dornröschenschlaf liegt.

Adresse unterhalb vom Schloss Übigau, Rethelstraße 4, 01139 Dresden-Übigau | ÖPNV Bus 79, Haltestelle Mengsstraße | Tipp Anders als die Werft ist das romantisch verfallene Schloss Übigau, einst das Lustschloss des Grafen von Flemming, noch nicht ganz vergessen, ein Verein bemüht sich seit Jahren um eine Sanierung. Im kleinen Park trinkt man sommers sein Bier mit Elbblick, ein echter Geheimtipp!

101 Der Umsonstladen

Es geht auch ohne Geld

Die Äußere Neustadt ist seit jeher offen für gesellschaftliche Experimente – hier wurde bereits im Sommer 1990 die »Bunte Republik Neustadt« gegründet, eine Mikronation mit provisorischer Regierung und natürlich eigener Währung. Die »Neustadtmark« wurde bis 1993 während der Stadtteilfeste als Zahlungsmittel akzeptiert. Klar, dass man auch nicht-monetäre Konzepte wie etwa die Tauschwirtschaft ausprobiert.

Entstanden aus einer überdachten Verschenkekiste, wuchs die Idee bald zu einem Netz von »Tauschschränken« heran, deren berühmtester Vertreter »El Tauscho« inzwischen zu einem Tausch-Flohmarkt wurde. 2003 bekam man ein festes Quartier auf der Prießnitzstraße – der »Umsonstladen« war geboren. Nach einigen Standortwechseln findet man ihn heute im Sonnenhof, der die Alaunstraße parallel zum deutlich bekannteren Hof der Elemente und dem Hof der Tiere mit der Görlitzer Straße verbindet.

Ganz überraschend für alle, die meinen, der Kapitalismus sei alternativlos, funktioniert der Umsonstladen seit nunmehr 20 Jahren. Er hat seitdem zahlreiche weitere Projekte inspiriert, die sich nicht auf das Stadtviertel beschränken: Unverpacktläden, Repaircafés und Gartennetzwerke, offene Gemeinschaftsküchen und Foodsharing-Initiativen bereichern das Dresdner Stadtleben. Der »ULa« ist sozusagen die Mutter all dieser Experimente. Er funktioniert ganz einfach: Wer Dinge übrig hat, die er nicht mehr braucht, bringt sie hier vorbei. Und wer Dinge braucht, der nimmt sie einfach mit – kostenlos. Niemand prüft die Bedürftigkeit, niemand muss Anträge ausfüllen, und niemand geht ohne ein nettes Gespräch wieder raus. Viele, die regelmäßig den Umsonstladen besuchen, tun beides: verschenken und mitnehmen.

Ganz ohne Geld geht es nicht: Der Umsonstladen ist auf Mietspenden angewiesen. Ansonsten engagieren sich alle, die man im Laden sieht, ehrenamtlich.

Adresse Sonnenhof in den Kunsthofpassagen, Alaunstraße 68, 01099 Dresden-Neustadt | **ÖPNV** Straßenbahn 13, Haltestelle Görlitzer Straße | **Öffnungszeiten** Mo–Fr 17–19 Uhr | **Tipp** Ein weiteres Tauschprojekt für Kinderkleidung und -kram gibt es im nahe gelegenen AZ Conni, dem linken Jugend-, Familien- und Stadtteilzentrum des Hechtviertels an der Buchenstraße.

102 Die Vegane Fleischerei

Schnitzel vom Sojatier

Sie hätten sich nicht träumen lassen, was passieren würde, als sie ihren kleinen Laden für vegane Fleischersatz-Produkte eröffneten und ihn als Marketing-Gag »Vegane Fleischerei« nannten. Das erste Geschäft dieser Art in ganz Deutschland schlug hohe Wellen und erregte die Nation.

Der schmale Bürgersteig des Bischofswegs, der das nördliche Ende der Äußeren Neustadt bildet, war am Eröffnungstag auf gut 100 Metern Länge regelrecht verstopft. Fernsehteams und Journalisten drückten sich die Klinke in die Hand, die Kommentarspalten bei Facebook schlugen Schaum, und per Mail trudelten sogar ein paar Morddrohungen ein – ganz offensichtlich haben Nils Steiger und seine drei Kollegen mit ihrem neuen Business einen empfindlichen Nerv der Deutschen getroffen. Dabei haben sie schon vorher jahrelang unbehelligt von der Öffentlichkeit vegane Fleischgerichte gekocht und verkauft, direkt ums Eck im Hechtviertel und in der Äußeren Neustadt, wo vegane Restaurants und Gerichte nun wahrlich nichts Neues sind.

Der Ärger vieler Fleisch-Fans entsteht aus dem »irreführenden« Namen, aber die Betreiber heben unschuldig die Hände: Wo groß »vegan« dransteht, soll doch keiner getäuscht werden! Die Lebensmittelaufsicht kam nach der Eröffnung umgehend vorbei und bemängelte die Produktnamen. So wurde aus der Sülze halt ein »Gesülze« und aus dem Thunfisch ein »Unvisch«, damit wirklich niemand versehentlich danebengreift.

Der Leberkäse darf allerdings weiterhin so heißen, denn auch im Original ist weder Leber noch Käse drin. Wenn das mal nicht zu schlimmen Verwechslungen führt, Zwinki-Zwonki! Die Kunden lässt der Medienrummel unbeeindruckt. Sie kommen seit der Eröffnung Anfang 2023 in Scharen in den Laden und kaufen die mit Aufschnitt, Braten und Feinkost gefüllte »Fleischtheke« schneller leer, als man »Sojaschnitzel« sagen kann.

Adresse Bischofsweg 20, 01099 Dresden-Neustadt | **ÖPNV** Straßenbahn 7, 8, 13, Haltestelle Bischofsweg | **Öffnungszeiten** Mo – Fr 11.30 – 18.30 Uhr, Sa 10.30 – 17.30 Uhr | **Tipp** Die veganen Fleischprodukte werden übrigens alle selbst hergestellt, in der Küche des veganen Restaurants »Steffenhagen«, wo Mitgründer Andreas Henning auch kocht. Wegen der großen Nachfrage wird allerdings schon eine neue Küche gesucht.

103 Die Villa Fallnichtein

Standhaft elegant

Beim Anblick der sauber verfugten Steine des hochgezogenen Fundaments und der in frischem Taubenblau gestrichenen Paneele mag man es gar nicht glauben: Das unscheinbare Häuschen am Loschwitzer Weinberg wurde bereits 1570 erbaut und ist damit eines der ältesten in ganz Dresden.

Schon im Jahr 1820 sah das bescheidene Winzerhaus allerdings so »laweede« (auf Hochdeutsch etwa »wackelig«) aus, dass es von den Anwohnern seinen heutigen Spottnamen verliehen bekam. Was der Besitzer Gottlob Lehmanns dazu sagte, ist nicht überliefert, er sorgte jedenfalls nicht für Abhilfe. Vielleicht ganz bewusst – immerhin liebten die romantischen Künstler das windschiefe Gebäude und bannten es häufig auf ihre Leinwände, unter anderem Dresdens Ehrenbürger Ludwig Richter.

Auch heute noch stehen in den umliegenden Straßen von Loschwitz einige alte Winzerhäuschen, die den romantischen Bildern der »Villa Fallnichtein« deutlich ähnlicher sehen als die Villa selbst. Diese wurde nämlich 1998 »grundlegend saniert«, wie man so schön sagt – und sieht seitdem so stabil aus, dass man ihr zuversichtlich weitere 200 Jahre zugestehen möchte. Man gönnt es den Bewohnern.

Schon der Weg zur »Villa Fallnichtein« ist spannend: Steigt man von der Nummer 2 weiter die gepflasterte Robert-Diez-Straße hinauf, die mit 18 Prozent Gefälle die zweitsteilste Straße der Stadt ist, passiert man (inbrünstig schnaufend) mit jedem der Wohnhäuser die ehemalige Residenz eines bekannten Dresdners. Bildhauer, Pfarrer und zahlreiche Künstler haben in Loschwitz gelebt und gewirkt. Das tun sie bis heute, auch wenn man es hinter den bescheidenen Fassaden nicht vermutet. Anders als im mondänen Blasewitz oder auf dem noblen Weißen Hirsch ist der Loschwitzer Elbhang bis heute zufrieden mit seinem gemütlichen, dörflichen Gesicht; auch wenn das – siehe »Villa Fallnichtein« – fast ein wenig verkitscht daherkommt.

Adresse Robert-Diez-Straße 2, 01326 Dresden-Loschwitz | **ÖPNV** Bus 63, Haltestelle Calberlastraße | **Öffnungszeiten** Privatwohnung, nur von außen zu besichtigen | **Tipp** Der Namenspatron der Robert-Diez-Straße wohnte nur wenige Meter weiter an der Calberlastraße. Der Bildhauer Robert Diez ist in Dresden wohl am bekanntesten für die von ihm gestalteten Doppelbrunnen am Albertplatz und den Gänsediebbrunnen nahe dem Rathaus.

104 Die Wabenfassade

Shopping im DDR-Schick

Schon in den 1970er Jahren konnten die Dresdner stolz auf ihre mondäne Innenstadt sein. Damals erstrahlte die verkehrsfreie Einkaufsmeile Prager Straße, noch deutlich breiter und weniger eng bebaut als heute, an ihrem nördlichen Ende mit einem wahren Edelstein der modernen Architektur des Sozialismus.

Für das »Centrum Warenhaus«, das mit Highlights wie Rolltreppen (Oho!) und einer Klimaanlage (Wow!) ausgestattet war, hatten die ungarischen Architekten eine außergewöhnliche Fassade konzipiert. Sie bestand aus Tausenden gleichartigen Aluminium-Rhomben, die dem schlichten Shopping-Quader das Aussehen einer gigantischen diamantenbesetzten Schatztruhe verliehen. Das Baumaterial schlug drei Fliegen mit einer Klappe: Es sah futuristisch aus, war leicht und sehr preiswert – daher setzte es sich auch in vielen weiteren Einkaufsmeilen der DDR durch.

Während das »Silberkaufhaus« in Leipzig dank ebendieser Fassade unter Denkmalschutz steht, erging es dem »Centrum Warenhaus« nicht so gut. Das Gebäude wurde 2007 abgerissen, weil es das neue Raumkonzept der Einkaufsmeile störte.

Die ikonische Fassade jedoch kehrte zur ungläubigen Freude vieler Dresdner wieder, als 2009 die »Centrum Galerie« an die Prager Straße geklotzt wurde – mit 52.000 Quadratmetern Verkaufsfläche eine regelrechte Mega-Mall, die Dresden zur größten Einkaufsstadt im Osten Deutschlands machte. Der Dresdner Architekt Peter Kulka hatte den Bauwettbewerb mit seiner Idee, die Waben der alten Fassade wiederzuverwenden, gewonnen. Allerdings waren die Alu-Teile bereits zu verschlissen, daher fertigte man alle 3.400 Waben neu an, die nun etwas dunkler und deutlich energieeffizienter sind als ihre DDR-Vorbilder. Sie verleihen der »Centrum Galerie« einen unverwechselbaren Look und sind eine Verneigung vor der DDR-Architektur und der jüngeren Vergangenheit Dresdens – die aus weit mehr als nur Barock und Sandstein besteht.

Adresse Prager Straße/Dippoldiswalder Platz, 01069 Dresden-Altstadt | ÖPNV Straßenbahn 7, 8, 9, 11, 12, Haltestelle Prager Straße | Öffnungszeiten Mo–Sa 9.30–20 Uhr | Tipp Ein Original-DDR-Überbleibsel an der Prager Straße, die in den 1970er Jahren zur Vorzeige-Einkaufsmeile wurde, ist der denkmalgeschützte »Touristengarten«. Knapp 400 Meter zu Fuß von der glänzenden Fassade der »Centrum Galerie« entfernt liegt er versteckt hinter den beiden Hochhaus-Riegeln, die früher die Luxushotels »Bastei« und »Königstein« beherbergten.

105_Das Wandbild

Wo der Sozialismus bleiben durfte

Zum 20. Jahrestag der DDR wurde im Stadtzentrum von Dresden, das damals immer noch großflächig von der Kriegszerstörung zeugte, ein Vorzeigeprojekt des Sozialismus eingeweiht: Der Kulturpalast thront als Beton-Monument des Fortschritts mit blitzender Glasfront bis heute in der Mitte der historischen Altstadt. Es lohnt sich, ihn genauer zu betrachten!

Der größte Mehrzwecksaal der Stadt entwickelte sich wie geplant zum kulturellen Zentrum. In den ersten 20 Jahren nach seiner Eröffnung spielten hier die Dresdner Philharmonie und die Sächsische Staatskapelle, der schon damals renommierte Kreuzchor sang, und das Moskauer Bolschoi-Theater gastierte. Mit höhenverstellbarem Parkett, einer drehbaren Bühne und Luxusmaterialien wie Marmor und Granit zeigte der Sozialismus, dass er es draufhatte und dem kapitalistischen Westen mindestens ebenbürtig war.

Noch deutlicher erklärte dies das Wandbild an der Westseite: »Der Weg der Roten Fahne« stellt auf 30 Metern die Entwicklung des Sozialismus seit der Gründung der DDR dar. Ein Lochstreifen am unteren Rand deutet die Zukunft an – Computer. Auch die Wahl der Materialien ist spannend: Elektrostatisch aufgeladener Glassplitt und Kork wurden auf beleimte Betonkacheln geschossen – das hält! Die Ähnlichkeit der fahnenschwingenden Arbeiterfrau mit der Vorkämpferin der Französischen Revolution ist übrigens beabsichtigt.

Zusammen mit dem Kulturpalast durfte das Wandbild mit der Roten Fahne nach langer Diskussion bleiben; statt des Abrisses erfolgte eine Generalüberholung. Heute setzt der DDR-Überrest einen spannenden Kontrapunkt zur gefällig-neobarocken Altstadt, die gern mal als Disney-Kulisse verspottet wird. Wer genau hinschaut, entdeckt auf dem Wandbild Geschichten, über die es sich lohnt, mit älteren Dresdnern zu reden. Wie gut, dass man an der Westseite des Kulturpalastes auf schattigen Bänken sitzen und genau das tun kann.

Adresse Schlossstraße 2, 01067 Dresden-Innere Altstadt | **ÖPNV** Straßenbahn 1, 2, 4, Haltestelle Altmarkt | **Öffnungszeiten** Mo–Sa 10–19 Uhr und während der Aufführungen im Konzertsaal | **Tipp** Das weiträumige Foyer des Kulturpalastes ist fast immer geöffnet. Drinnen sind weitere Wandbilder im Stil des sozialistischen Realismus zu bewundern – und der Panoramablick auf den Altmarkt aus dem ersten Stock ist ein Geheimtipp!

106 Der Weichbildstein

Die Geister der Gerichteten

Wer heute am ehemaligen Hauptpostamt 6 von Dresden Briefe einwirft oder Päckchen abholt, der wandelt auf historischem Boden. Und dabei sprechen wir nicht über die Geschichte des Postamts selbst, dessen Fans von der 1960er-Architektur der Dresdner Moderne und dem Werbeschriftzug »in alle Welt – aus aller Welt« schwärmen, der die Rückseite des fünfstöckigen Gebäudes ziert.

Unsere Geschichte geht noch viel weiter zurück. Dort, wo heute das Hauptpostamt an der belebten Königsbrücker Straße steht und sich Wohn- und Geschäftshäuser in alle Richtungen erstrecken, verlief früher die Stadtgrenze von Dresden.

Ab 1550, als Dresden zur Hauptstadt des Kurfürstentums Sachsen wurde, begann man, den Verlauf des städtischen Territoriums immer genauer festzulegen. Dazu bedienten sich die Stadtherren sogenannter Weichbildsteine, die als einfache Markierungen in regelmäßigen Abständen aufgestellt wurden: im Wald, auf Wiesen oder eben auf dem Heidesand, der früher das Areal der Äußeren Neustadt prägte. Erst viel später, im 18. Jahrhundert, errichtete man hier die ersten Häuser. Von den 20 aufgestellten Sandstein-Säulen auf der Neustädter Seite Dresdens ist heute nur eine einzige übrig geblieben – und die befindet sich vor dem Eingang des Postgebäudes.

Warum die exakte Position der Stadtgrenze so wichtig war? Ganz einfach: Exekutionen durften nur außerhalb von dieser stattfinden. Und so markiert der Weichbildstein an der Königsbrücker Straße auch die Richtstatt von Altendresden. Nur wenige Meter von hier, wo die Straße eine leichte Kurve beschreibt, wurde 1715 der Räuberhauptmann Lips Tullian geköpft. Einige Jahre später verlegte man die Richtstätte weiter nach Norden. Für (vermeintliche) Verbrecher in Dresden wurde es damit schwerer, ihrer Strafe zu entgehen, denn erst wenn man die Stadtgrenze am Weichbildstein passiert hatte, konnten einem die Wachen nichts mehr anhaben.

Adresse Königsbrücker Straße 21–29, 01099 Dresden-Neustadt | ÖPNV Straßenbahn 7, 8, Haltestelle Louisenstraße | Tipp Es ist ein ziemliches Durcheinander mit dem Weichbildstein Nummer 13: Das Original stand an der Lößnitzstraße hinter dem Bahnhof Neustadt, von dort wurde es 1993 an die Post versetzt – gleichzeitig gelangte eine Kopie an die Kreuzung, wo Hansastraße und Großenhainer Straße im spitzen Winkel aufeinandertreffen. Ein weiteres Double hat es direkt vors Rathaus geschafft.

107 Der Winzer Lutz Müller

Weingenuss am Elbhang

Dresdens Elbhänge bieten die perfekte Verbindung von Wein- und Weitblickgenuss. Nach dem Reblaus-Desaster von 1907 hielt sich nur eine kleine Anzahl von Winzern, auf deren Hängen heute wieder Reben wachsen. Einer der schönsten Orte, um ein lokal produziertes Gläschen zu probieren, ist die Weingalerie von Winzer Lutz Müller, der im Kavaliershaus von Schloss Albrechtsberg beneidenswert schön residiert.

Nachdem Anfang des 20. Jahrhunderts fast alle Weinstöcke Sachsens radikal verbrannt wurden, hat sich die Lage inzwischen entspannt – auch wenn man jeden Verdachtsfall sehr genau untersucht. An Gelegenheiten zum stilvollen Genuss lokal produzierten Weins mangelt es in Dresden heutzutage wahrlich nicht. Man muss nicht erst nach Radebeul, Meißen oder Pillnitz fahren: Bereits mitten in der Stadt bietet der kleine Weinberg von Lutz Müller genügend Rebensaft, den man auch direkt hier verkosten kann. Der Winzer steht mit Leib, Seele und Familie für den Sächsischen Landwein vom Dresdner Elbhang. Gemeinsam mit seinen Eltern hat er 2012 das verfallene Kavaliershaus auf dem Gelände von Schloss Albrechtsberg wieder hergerichtet und keltert seitdem hier im Mehrgenerationenbetrieb den Rebensaft.

Wer im Sommer herkommt, muss nur den Scharen von Spaziergängern folgen, die vom Eingang des Schlossparks zielstrebig nach vorn zum Panoramablick über die Elbe laufen. Dort wartet die kleine Straußwirtschaft mit Flammkuchen und ausgewähltem Weinangebot, im September freut sich die Familie Müller (nach Anmeldung) über Hilfe bei der Weinlese.

Wer noch fahren muss, kann den Wein in Flaschen kaufen, der überwiegende Teil wird aber jedes Jahr direkt vor Ort getrunken. Perfekt für die Picknickdecke ist der sommerliche Müller-Thurgau, der genau wie die Scheurebe schon wenige Monate nach der Ernte wieder ausgetrunken ist. Kein Wunder bei dieser Aussicht!

Adresse Kavaliershaus Schloss Albrechtsberg, Bautzner Straße 130, 01099 Dresden-Neustadt, Tel. 0172/9930205, E-Mail: mail@winzerlutzmueller.de | **ÖPNV** Straßenbahn 11, Haltestelle Wilhelminenstraße (Zugang über Eingang zum Schlosspark Albrechtsberg); oder Elberadweg (Zugang durch ein Tor in der Mauer unterhalb des Alten Wasserwerks) | **Öffnungszeiten** Straußwirtschaft: März – Nov. So und Feiertage, April – Okt. zusätzlich Sa, immer 11 – 19 Uhr beziehungsweise bis zur Dämmerung | **Tipp** Nicht ganz so edel, dafür sehr stimmungsvoll geht es außerhalb der Schlossparkmauern im benachbarten Biergarten »Saloppe« zu. Fürs Kontrastprogramm nach dem Wein-Picknick unbedingt hier vorbeischauen!

108_Die Woge

Wenn das Wasser wiederkommt

Seit 2022 erstrahlt Dresdens älteste Brücke wieder frisch saniert in hellem Sandstein. Sie ist nun den Flanierenden vorbehalten, die die Panoramen von Dresdens Alt- und Neustadt bewundern können, wenn sie hier die Elbe überqueren. Vorsicht: Fahrräder und Straßenbahnen dürfen weiterhin passieren und können für Schrecksekunden beim Fotografieren sorgen. Ein ungewöhnliches Kunstwerk zieht viele neugierige Blicke auf sich: Ist das japanisch?

Die Augustusbrücke hat in ihrem fast 800-jährigen Dasein schon viele Elbhochwasser gesehen. Daran erinnert nun ein ungewöhnliches Kunstwerk: »Die Woge« am Scheitel der Brücke erinnert Japan-Fans an die ikonische »Große Welle vor Kanagawa« des japanischen Künstlers Katsushika Hokusai. Der Sachse Tobias Stengel bezieht sich mit seiner Reminiszenz an den traditionellen Holzschnitt an dieser Stelle ganz bewusst auf die Schönheit und die Macht des Wassers, auf die verheerenden vergangenen Hochwasser und vor allem auf die Jahrhundertflut von 2002, die vielen Dresdnern noch eindrücklich im Gedächtnis ist. Damals standen die Menschen erst staunend, dann schockiert auf der Augustusbrücke und sahen zu, wie die Innenstadt Zentimeter um Zentimeter in den Fluten versank – das Wasser ließ sich einfach nicht aufhalten. Dieses Erlebnis verbindet die Dresdner mit Menschen auf der ganzen Welt, deren Heimat ebenfalls von Hochwasser bedroht wird.

Statt des japanischen Vulkans Fuji zeigen sich im Hintergrund der Dresdner »Woge« die sanften, von Weinstöcken bestandenen Elbhänge Radebeuls, wenn das Wetter klar ist. Je nach Lichteinfall wirkt die Skulptur sehr unterschiedlich, da sie eben nicht holzschnittartig flach ist, sondern aus acht übereinandergelegten Platten besteht. Auch fraktale Geometrie spielte bei der Erschaffung des Kunstwerks eine Rolle: Die Gesamtlänge aller Schnittkanten der fein ziselierten Schaumkronen beträgt erstaunliche 213 Meter.

Adresse Augustusbrücke, zwischen Terrassenufer und Große Meißner Straße, 01097 Dresden-Neustadt | **ÖPNV** Straßenbahn 4, 8, 9, Haltestelle Neustädter Markt (Neustadt-Seite) oder Haltestelle Theaterplatz (Altstadt-Seite) | **Tipp** Wie hoch das Wasser der Elbe zu ihren allerhöchsten Zeiten in Dresden gestanden hat, zeigen eindrucksvoll die schwarz-weißen Hochwassermarken an der Augustusbrücke, bei denen die Flut von 2002 mit einem Pegelstand von 9,40 Metern ganz oben markiert ist. Ob das so bleibt?

109__Der Wolfshügelturm in der Dresdner Heide

Stadtpanoramablick vom Lost Place

Wanderer, die am Rand der Dresdner Heide durch das Dickicht aus Buchen und Haselsträuchern stapfen, sind oft bass erstaunt über den Berg aus Trümmern, der sich ihnen auf einer Hügelkuppe präsentiert. Die Aussicht auf Dresden ist schon vom Fuß der Ruine beeindruckend – wie schön muss es hier vor 1945 ausgesehen haben?

Spektakuläre 25 Meter ragte hier ein Turm aus Stahlbeton auf, mit seinem gewendelten Treppenaufgang und den offenen Fensterbögen an den Turm von Pisa erinnernd – nur stand der Aussichtsturm auf dem Wolfshügel ordentlich gerade. Besucher, die den von Hans Erlwein erbauten Turm bestiegen, genossen einen grandiosen Blick über den Dresdner Talkessel bis weit ins Erzgebirge hinein. Erst 1911 hatte Dresdens Prestige-Baumeister dem einfachen, vier Meter hohen Aussichtsgerüst aus Holz von 1886 ein beträchtliches »Glow up« verpasst und aus topmodernem »Eisenbeton« mitten im Wald ein veritables Ausflugsziel für die Dresdner geschaffen. Ein kleiner Ausschank auf dem Vorplatz des Turms und die Nähe des Wolfshügels zur Stadt trugen das ihrige dazu bei, dass Spaziergänger und Sommerfrischler sehr gern hierherkamen.

Buchstäblich in letzter Minute, nämlich am 8. Mai 1945, wurde der Wolfshügelturm von den Nazis gesprengt, um der sowjetischen Armee keinen Vorteil zu bieten. Die Russen schafften es auch ohne Turm und befreiten Dresden am selben Tag. Heute bieten die Trümmer des Wolfshügelturms, von dem nur noch die untere Plattform zu erkennen ist, einen spektakulären Lost Place im Wald. Die beiden Treppenaufgänge sind zwar versperrt, aber mit ein wenig Kletterei gelangt man auf die untere Plattform – natürlich vorsichtig! Die Hoffnung besteht, dass der Turm mit Spendengeldern wieder neu errichtet wird – denn wenn die Dresdner eines können, dann dies: aus Ruinen auferstehen.

Adresse Zugang vom Wanderparkplatz an der Fischhausstraße, 01099 Dresden-Albertstadt | **ÖPNV** Bus 520, Haltestelle Fischhausstraße; Straßenbahn 11, Haltestelle Elbschlösser; über Moritzburg-Pillnitzer Weg 750 Meter nach Südosten, dann links abbiegen auf den C-Flügel und 160 Meter laufen; alternativ Zugang von der Bautzner Straße gegenüber Schloss Albrechtsberg über das »Hämmerchen« (850 Meter) | **Tipp** Der Albertpark, der rings um den Wolfshügelturm angelegt wurde, existiert noch heute. Die Luthereiche, den Waldspielplatz und das Gehege mit Mufflons und Damwild haben die Dresdner ihrem Stadtrat zu verdanken.

110 Das Zentralwerk

Avantgarde in Pieschen

Seit 2005 wächst im ansonsten eher unbeachteten Pieschen etwas ganz Besonderes heran: Die Stiftung »trias« bietet in den Hallen einer ehemaligen Rüstungsfabrik preiswerten Raum zum Wohnen, Arbeiten und Kunstschaffen – alles in einem, in Form einer Genossenschaft.

Noch vor 70 Jahren waren die Goehle-Werke an der Riesaer Straße, die zur Zeiss Ikon AG gehörten, wahrlich kein schöner Ort. Während des Zweiten Weltkriegs wurden hier von jüdischen und osteuropäischen Zwangsarbeiterinnen und KZ-Häftlingen die Zünder für Bomben hergestellt. Im Sozialismus baute man die Hallen zur »Druckerei Völkerfreundschaft« um, die »Sächsische Zeitung« und das DDR-Kindermagazin »Frösi« liefen hier von der Druckerpresse.

Heute treffen sich in den alten Sälen und Hochbunkertürmen unter bröckelndem Putz Geisteswissenschaftler und Künstler, Handwerker und Architekten und erzeugen im kreativen Austausch Neues – und das kann alles Mögliche sein. Mitsprache wird großgeschrieben, Profit dagegen nicht angestrebt. Ateliers und Wohnungen werden zum Selbstkostenpreis vermietet. Das Rezept scheint aufzugehen: Im Zentralwerk kann man sich ausprobieren, Kunst bestaunen und beim Tanztee swingen, Konzerte und Kinofilme genießen, aber auch gemütlich frühstücken, auf dem Hof mit den Kindern spielen oder im Café »Ecce« an der Ecke sein Feierabendbier trinken.

In Pieschen, das weder mit kulturellen Anlaufpunkten noch mit Gastronomie glänzt, hat das Zentralwerk schnell Kultstatus gewonnen – und knüpft damit an die 1950er Jahre an, als im »Karl-Hermann-Saal« Boxkämpfe und legendäre Jazzkonzerte stattfanden. Wem die Szene-Neustadt zu verhipstert ist, der findet hier eine echte Kulturoase. Ein 99-jähriger Erbbauvertrag schützt die riesige Immobilie vor Spekulanten und soll das Zentralwerk vor dem Schicksal der Äußeren Neustadt bewahren: Gentrifizierung.

Adresse Riesaer Straße 32, 01127 Dresden-Pieschen | ÖPNV Straßenbahn 3, Haltestelle Zeithainer Straße; Bus 64, 70, 73, 76, S1, Haltestelle Bahnhof Pieschen | Öffnungszeiten Café »Ecce« täglich ab 15 Uhr | Tipp Gleich um die Ecke hat die alternative Jugend Dresdens ihr politisches Zuhause. An der Großenhainer Straße bietet der »Rote Baum« seit 1993 Freizeitaktivitäten für Kinder und Teenies von der Fahrradwerkstatt über Sommerlager bis zur Jugendweihe.

111 Der Zuckerhut in Pillnitz

What a view!

Dresdens Lage in einem Talkessel hat so einige Nachteile. Allen voran die jahrzehntelange Abgeschiedenheit von Westfernsehempfang, die der Stadt zu DDR-Zeiten den Beinamen »Tal der Ahnungslosen« bescherte. Die große Anzahl an Aussichtspunkten mit traumhaftem Blick auf Dresden macht dies aber mehr als wett – und die meisten sind, wie der Zuckerhut, touristisch kaum erschlossen. Nicht ganz zufällig gleicht der Name dieses steilen Berges in Pillnitz dem Felsen, der sich hoch über Rio de Janeiro erhebt. Auch der traditionell für die Feuerzangenbowle genutzte Zuckerhut ähnelt dem Felsvorsprung oberhalb des Keppgrunds ein klein wenig. Auch wenn sein brasilianischer Namensvetter deutlich höher ist: Der Zuckerhut in Hosterwitz ragt stolze 220 Meter über dem Elbtal auf und bietet einen wunderschönen Blick über die Weinberge und die Parkanlage rund um das Schloss Pillnitz. Dahinter schlängelt sich die Elbe, und bei klarem Wetter sieht man die imposanten Tafelberge der Sächsischen Schweiz im Osten am Horizont aufragen.

Kein Wunder, dass schon die Wettiner Fürsten gern die Sommerfrische hier verbrachten. Sie gondelten auf Lustbarken über die Elbe, legten künstliche Ruinen als romantische Picknickplätze im Wald an, und sicherlich genossen sie auch den Weitblick vom Zuckerhut.

Wer es eilig hat, der kann den Zuckerhut von der Hohen Leite aus auf einem recht steilen Steig erreichen – brennende Oberschenkel gehören allerdings dazu. Nach dem Abstecher zur Gipfelaussicht sollte man nicht gleich wieder absteigen, sondern lieber durch den sanft ansteigenden Keppgrund weiterlaufen. Über das Hochland von Malschendorf geht es dann zur Meixmühle und durch den Friedrichsgrund wieder bergab ans Pillnitzer Elbufer. Schenkelschonender läuft man die Runde andersherum und hebt sich den Ausblick vom Zuckerhut als krönenden Abschluss auf.

Adresse Keppgrund 7, 01326 Dresden-Pillnitz | ÖPNV Bus 63, Haltestelle Van-Gogh-Straße | Tipp Wer genau hinschaut, erkennt am Elbufer die gelb leuchtende Kirche »Maria am Wasser«. Ein Besuch dieser Schifferkirche ist schon deshalb zu empfehlen, weil sich an ihrer Mauer ein ganz ungewöhnlicher Gedenkstein findet: Er erinnert an Schnuff, das Kapuzineräffchen des Komponisten Carl Maria von Weber.

1
Nassau
Weinböhla
Moritzburg
59
Bärnsdor
82
Dippelsdorf
Sörnewitz
Friedewald
Brockwitz
Coswig
Reichenberg
Elbe
Scharfenberg
Boxdorf
Naundorf
5
12
Constappel
Radebeul
22
A4
Röhrsdorf
85
Trachau
Weistropp
Cossebaude
Stetzsch
Neu-Leuteritz
97
Sora
Klipphausen
50
100
Hühndorf
Merbitz
A4
Cotta
Wilsdruff
Kaufbach
Pennrich
Gorbitz
31
Löbtau
A17
83
Grumbach
Kesselsdorf
Pesterwitz
Plauen
27
51
Zauckerode
Potschappel
Herzogswalde
86
Freital
Kleinnaundorf
Fördergersdorf
Tharandt
14
Hänichen
Coßmannsdorf
Obernaundorf
Possendorf
94
Rabenau
Lübau
Grillenburg
Oelsa
Quohren
Karsdorf
Borlas
Dorfhain
Seifersdorf
66

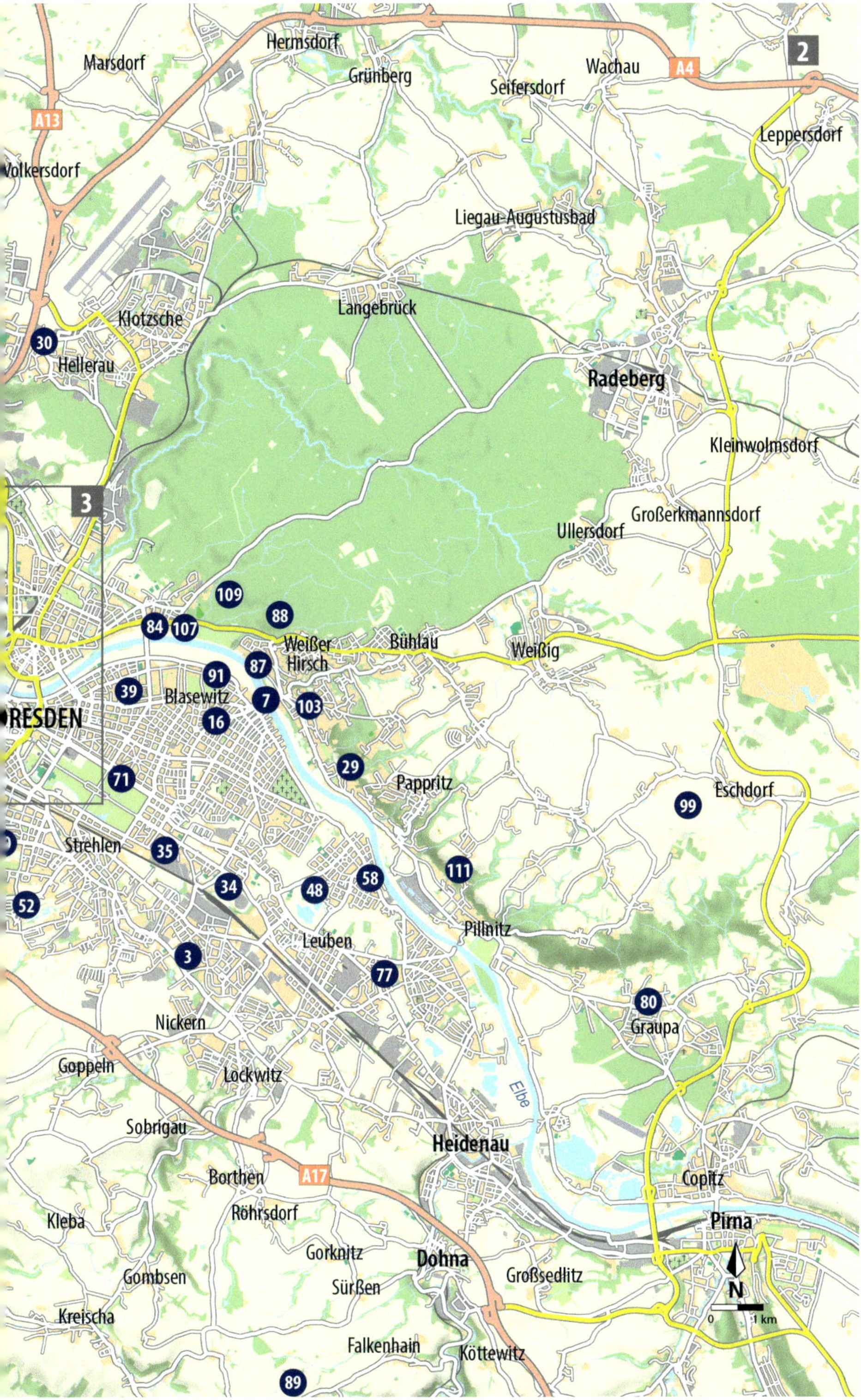

2
3
Hermsdorf
Marsdorf
Grünberg
Seifersdorf
Wachau
A4
A13
Leppersdorf
Volkersdorf
Liegau-Augustusbad
Langebrück
Klotzsche
30
Hellerau
Radeberg
Kleinwolmsdorf
Großerkmannsdorf
Ullersdorf
109
88
84
107
Weißer Hirsch
Bühlau
Weißig
87
91
39
Blasewitz
7
103
RESDEN
16
29
Pappritz
71
Eschdorf
99
Strehlen
35
34
48
58
111
52
Pillnitz
Leuben
3
77
80
Graupa
Nickern
Goppeln
Lockwitz
Elbe
Sobrigau
Heidenau
Borthen
A17
Copitz
Röhrsdorf
Pirna
Kleba
Gorknitz
Dohna
Großsedlitz
Gombsen
Sürßen
N
Kreischa
0
1 km
Falkenhain
Köttewitz
89

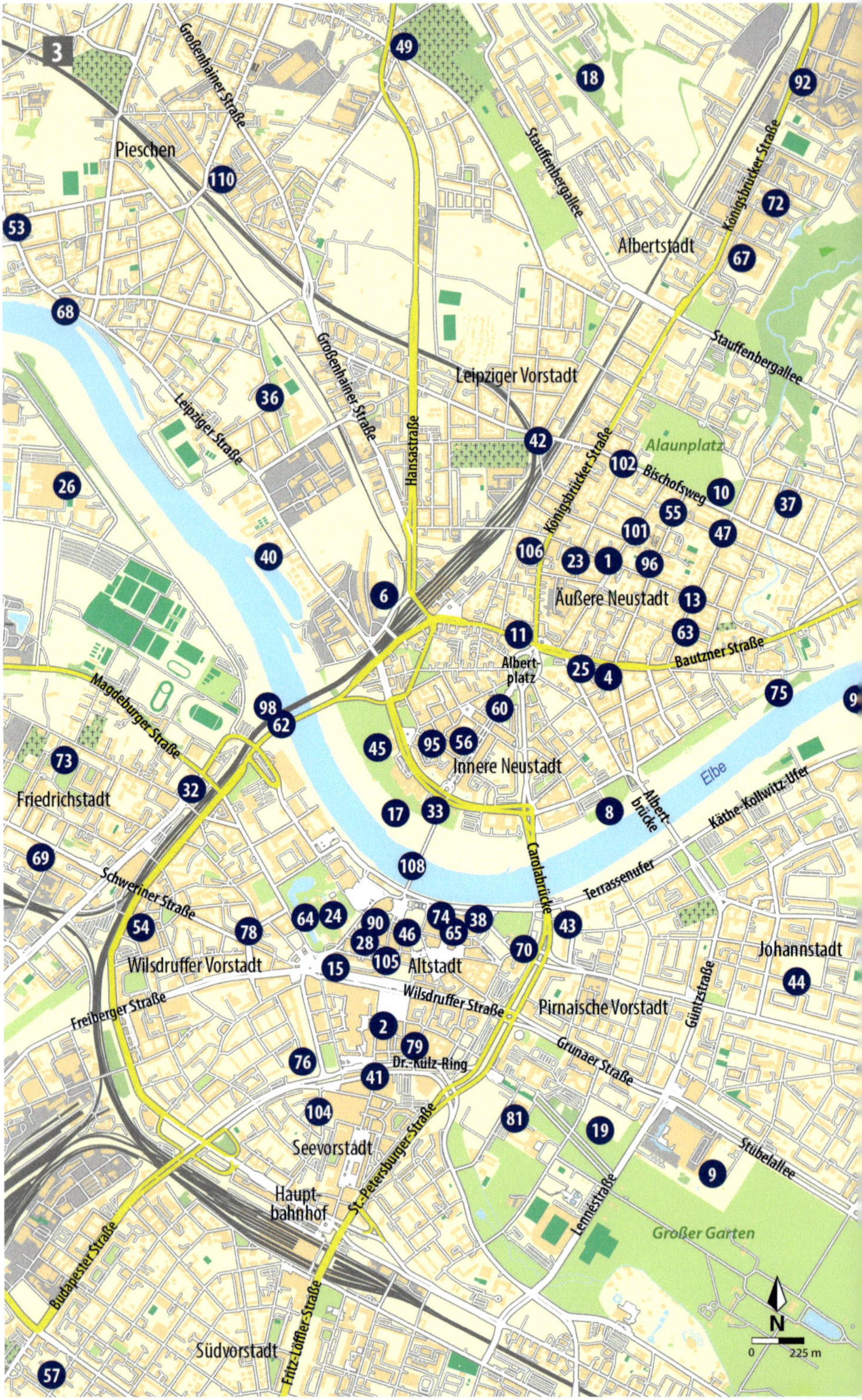
3
Pieschen
Großenhainer Straße
Stauffenbergallee
Albertstadt
Königsbrücker Straße
Leipziger Vorstadt
Leipziger Straße
Großenhainer Straße
Hansastraße
Alaunplatz
Bischofsweg
Königsbrücker Straße
Äußere Neustadt
Bautzner Straße
Albert-platz
Innere Neustadt
Magdeburger Straße
Friedrichstadt
Elbe
Albert-brücke
Käthe-Kollwitz-Ufer
Terrassenufer
Carolabrücke
Schweriner Straße
Wilsdruffer Vorstadt
Altstadt
Johannstadt
Wilsdruffer Straße
Pirnaische Vorstadt
Güntzstraße
Freiberger Straße
Grunaer Straße
Dr.-Külz-Ring
Seevorstadt
St.-Petersburger-Straße
Stübelallee
Lennéstraße
Haupt-bahnhof
Großer Garten
Budapester Straße
Fritz-Löffler-Straße
Südvorstadt
49
18
92
110
53
72
67
68
36
42
26
102
10
37
55
101
47
40
106
23
1
96
6
13
11
63
25
4
75
98
62
60
45
95
56
73
32
17
33
8
69
108
64
24
90
74
38
43
54
78
28
46
65
70
15
105
44
2
79
76
41
104
81
19
9
57
N
0
225 m

Susanne Jagusch,
Rudolf Jagusch
111 Orte im Vogtland, die man gesehen haben muss
ISBN 978-3-7408-1841-8

Priska Lachmann
111 Orte in Leipzig, die man gesehen haben muss
ISBN 978-3-7408-2005-3

Rudolf Jagusch,
Susanne Jagusch
111 Orte im Erzgebirge, die man gesehen haben muss
ISBN 978-3-7408-1406-9

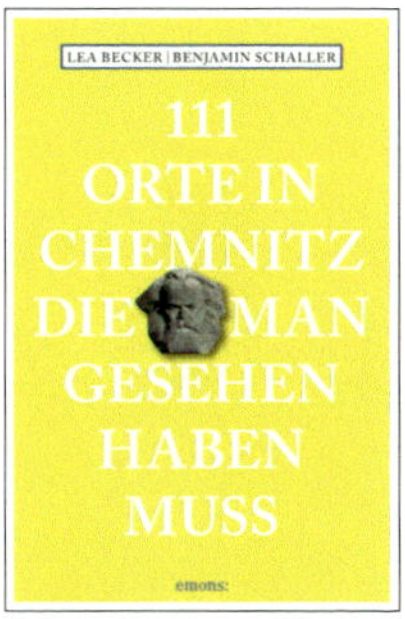

Lea Becker, Benjamin Schaller
111 Orte in Chemnitz, die man gesehen haben muss
ISBN 978-3-7408-1175-4

Kirsten Elsner-Schichor
111 Orte im Harz, die man gesehen haben muss
ISBN 978-3-7408-2018-3

René Förder
111 Orte in Sachsen-Anhalt, die man gesehen haben muss
ISBN 978-3-7408-1471-7

Ulf Annel
111 Orte an der Unstrut, die man gesehen haben muss
ISBN 978-3-7408-0347-6

Tim Frühling
111 Orte in der Rhön, die man gesehen haben muss
ISBN 978-3-7408-1998-9

Ulf Annel
111 Orte in Erfurt, die man gesehen haben muss
ISBN 978-3-7408-1635-3

Ulf Annel
111 Orte in und um Erfurt, die man gesehen haben muss, Band 2
ISBN 978-3-95451-913-2

Matthias Pick
111 Orte in Jena, die man gesehen haben muss
ISBN 978-3-7408-1631-5

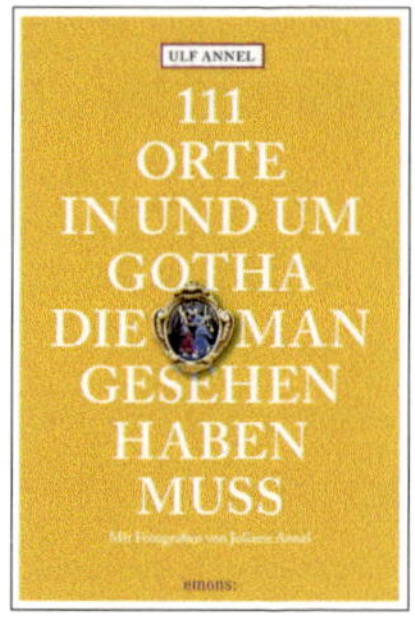

Ulf Annel
111 Orte in und um Gotha, die man gesehen haben muss
ISBN 978-3-7408-1636-0

Ulf Annel
111 Orte rund um die Wartburg, die man gesehen haben muss
ISBN 978-3-7408-0981-2

Ulf Annel
111 Orte in und um Weimar, die man gesehen haben muss
ISBN 978-3-7408-1193-8

Oliver Ultsch
111 Orte in und um Coburg, die man gesehen haben muss
ISBN 978-3-95451-923-1

Paul Stänner
111 Orte in Brandenburg, die man gesehen haben muss
ISBN 978-3-7408-1714-5

Paul Stänner
111 Orte in Brandenburg, die uns Geschichte erzählen
ISBN 978-3-7408-1650-6

Tom Wolf
111 Orte in Potsdam, die man gesehen haben muss
ISBN 978-3-95451-419-9

Bettina Gräf, Julia Tieke
111 Orte in Berlin, die vom Islam erzählen
ISBN 978-3-7408-1516-5

Steven Meyer, Christopher Ferner
111 queere Orte in Berlin, die man gesehen haben muss
ISBN 978-3-7408-1980-4

Lucia Jay von Seldeneck
111 Orte in Berlin, die man gesehen haben muss
ISBN 978-3-7408-1680-3

Lucia Jay von Seldeneck, Carolin Huder
111 Orte in Berlin, die man gesehen haben muss, Band 2
ISBN 978-3-95451-207-2

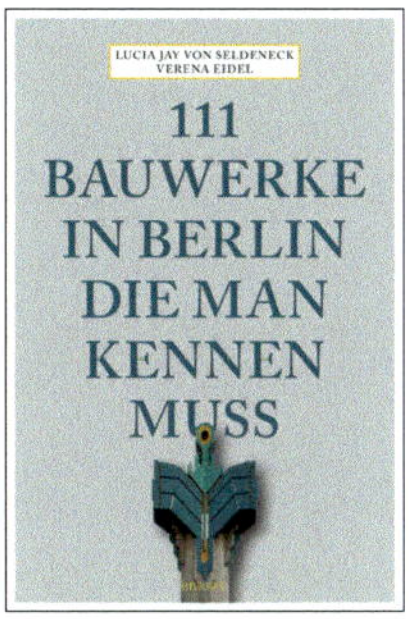

Lucia Jay von Seldeneck
111 Bauwerke in Berlin, die man kennen muss
ISBN 978-3-7408-0995-9

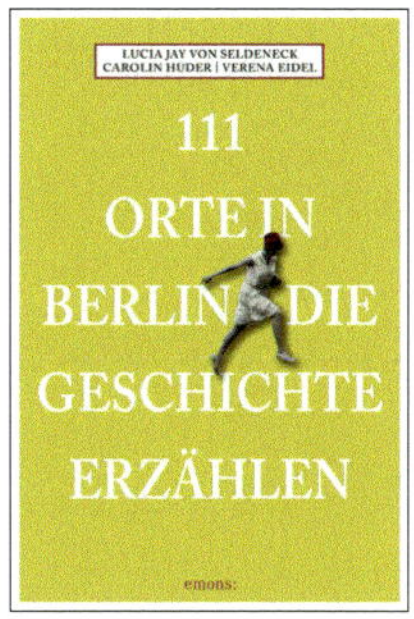

Lucia Jay von Seldeneck, Carolin Huder
111 Orte in Berlin, die Geschichte erzählen
ISBN 978-3-7408-2006-0

Paul Kohl
111 Orte in Berlin auf den Spuren der Nazi-Zeit
ISBN 978-3-7408-1872-2

Dietmar Bruckner, Jo Seuß
111 Orte in Nürnberg, die man gesehen haben muss
ISBN 978-3-7408-2177-7

Harry Luck, Norbert Jung
111 Orte im und am Bamberger Dom, die man gesehen haben muss
ISBN 978-3-7408-1746-6

Jo Seuß
111 Orte rund um Nürnberg, die man gesehen haben muss
ISBN 978-3-7408-1730-5

Leonhard F. Seidl
111 Orte in der Frankenhöhe, die man gesehen haben muss
ISBN 978-3-7408-1230-0

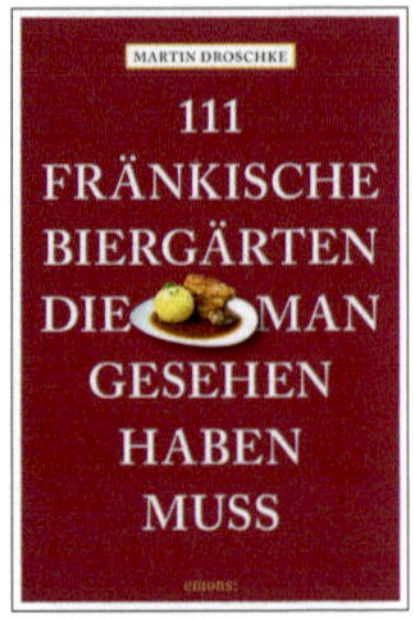

Martin Droschke
111 fränkische Biergärten, die man gesehen haben muss
ISBN 978-3-7408-1956-9

Martin Droschke
111 Kirchen in Franken, die man gesehen haben muss
ISBN 978-3-7408-1468-7

Dietmar Bruckner, Michaela Moritz
111 Orte in der Fränkischen Schweiz, die man gesehen haben muss
ISBN 978-3-7408-1089-4

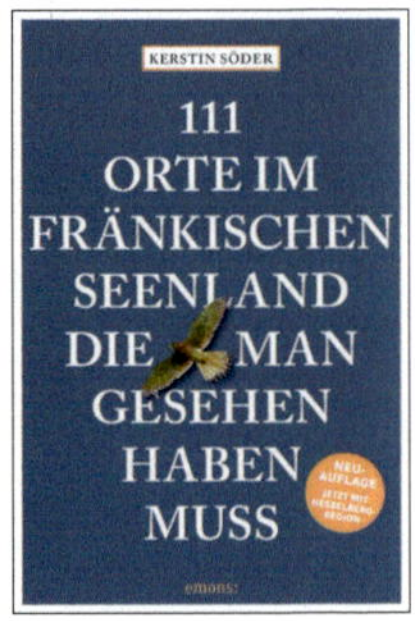

Kerstin Söder
111 Orte im Fränkischen Seenland, die man gesehen haben muss
ISBN 978-3-7408-1072-6

Bernd Flessner
111 Orte in der Oberpfalz, die man gesehen haben muss
ISBN 978-3-7408-2122-7

Bernd Schinner
111 Orte im Fichtelgebirge, die man gesehen haben muss
ISBN 978-3-7408-0741-2

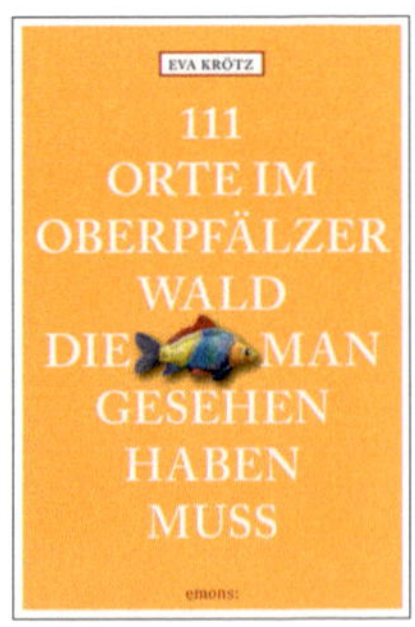

Eva Kroetz
111 Orte im Oberpfälzer Wald, die man gesehen haben muss
ISBN 978-3-7408-0331-5

Lena Schraml
111 Orte in Krakau, die man gesehen haben muss
ISBN 978-3-7408-1087-0

Jeroen Kuiper
111 Orte in Warschau, die man gesehen haben muss
ISBN 978-3-7408-0978-2

Jörg Dauscher
111 Orte in Danzig, die man gesehen haben muss
ISBN 978-3-7408-1572-1

Matěj Černý, Marie Peřinová
111 Orte in Prag, die man gesehen haben muss
ISBN 978-3-95451-927-9

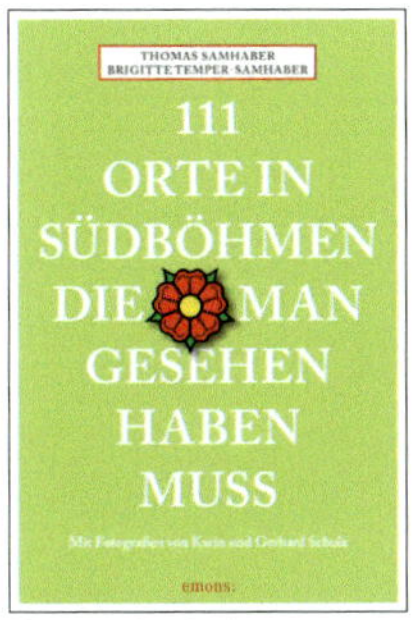

Thomas Samhaber,
Brigitte Temper-Samhaber
111 Orte in Südböhmen, die man gesehen haben muss
ISBN 978-3-7408-1742-8

Peter Eickhoff
111 Orte in Wien, die man gesehen haben muss
ISBN 978-3-7408-1975-0

Sabine M. Gruber
111 Sisi-Orte in Europa, die man gesehen haben muss
ISBN 978-3-7408-1400-7

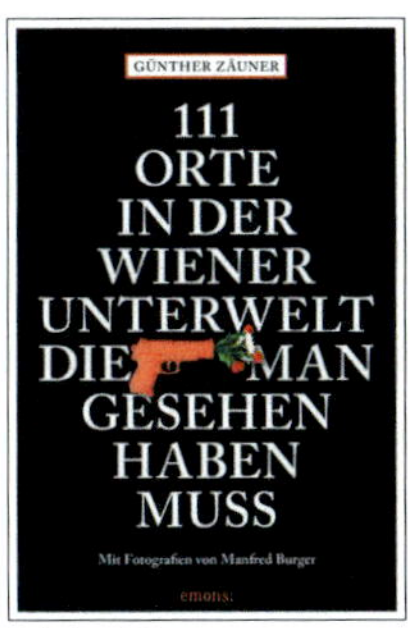

Günther Zäuner
111 Orte in der Wiener Unterwelt, die man gesehen haben muss
ISBN 978-3-7408-1438-0

Sabine M. Gruber
111 Orte der Musik in Wien, die man erlebt haben muss
ISBN 978-3-7408-1667-4

Jenny Menzel lebt seit 45 Jahren in Dresden. Als Soziologin arbeitete sie an der Humboldt-Universität zu Berlin und an der TU Dresden. Seit 2005 schreibt sie als Reisebloggerin, freie Autorin und Redakteurin für Eltern- und Reisemagazine und veröffentlichte zahlreiche Reiseführer und Ratgeber zum Reisen mit Kindern.